AF567680

BERNHARD MOESTL

DAS GEHEIME WISSEN DER NINJA

8 Wege, die Welt zu verändern

Besuchen Sie uns im Internet:
www.knaur.de

Aus Verantwortung für die Umwelt hat sich die Verlagsgruppe Droemer Knaur zu einer nachhaltigen Buchproduktion verpflichtet. Der bewusste Umgang mit unseren Ressourcen, der Schutz unseres Klimas und der Natur gehören zu unseren obersten Unternehmenszielen. Gemeinsam mit unseren Partnern und Lieferanten setzen wir uns für eine klimaneutrale Buchproduktion ein, die den Erwerb von Klimazertifikaten zur Kompensation des CO_2-Ausstoßes einschließt. Weitere Informationen finden Sie unter: www.klimaneutralerverlag.de

Originalausgabe März 2023

Ein Imprint der Verlagsgruppe
Droemer Knaur GmbH & Co. KG, München

Redaktion: Dr. Caroline Draeger
Covergestaltung: ZERO Werbeagentur
Coverabbildung: Collage unter Verwendung von Shutterstock.com
Abbildung im Innenteil: Harijs A./Shutterstock.com
Satz und Layout: Adobe InDesign im Verlag
Druck und Bindung: CPI books GmbH, Leck
ISBN 978-3-426-28624-1

2 4 5 3 1

Für dich

Lass uns gemeinsam die Welt verändern

Inhalt

Einleitung
Warum jeder Einzelne von uns die Welt verändern kann 11

1 **Das geheime Wissen vom Zulassen**
Lerne, die Wahrheit auch dort zu sehen,
wo es dir widerstrebt 21

2 **Das geheime Wissen von der Übersicht**
Lerne, so weit von deinen Vorstellungen zurückzutreten,
bis du die ganze Situation überblicken kannst 41

3 **Das geheime Wissen vom Selbstvertrauen**
Lerne, dass alles möglich ist,
woran du glaubst 59

4 **Das geheime Wissen vom Sich-Zurücknehmen**
Lerne, niemals etwas allein
der Anerkennung wegen zu tun 77

5 **Das geheime Wissen von der Wandelbarkeit**
Lerne, dass nichts auf
dieser Welt für immer ist 95

6 Das geheime Wissen von der Zielstrebigkeit
Lerne, dass du ohne ein klares Ziel deine Kraft nicht fokussieren kannst 113

7 Das geheime Wissen vom Durchhalten
Lerne, so lange weiterzugehen, bis die Dinge nach deinen Vorstellungen sind 131

8 Das geheime Wissen von der Veränderung
Lerne, Veränderungen herbeizuführen statt auf sie zu hoffen 149

Epilog 167
Wem ich Danke sagen möchte 171

Wer seinen eigenen Weg geht,
dem wachsen Flügel.

(Buddha)

Einleitung

Warum jeder Einzelne von uns die Welt verändern kann

Ein kleiner Funken
kann die ganze Steppe
in Brand setzen.
(aus China)

Zuerst einmal herzlich willkommen. Schön, dass du da bist. Wie es aussieht, hast auch du nicht den Glauben daran verloren, dass jeder einzelne Bewohner dieser Erde gleichwertig darüber mitbestimmen kann, wohin wir uns als Gesellschaft entwickeln. Doch selbst wenn du jetzt wohl zustimmend mit dem Kopf nickst, mag dir die Idee dennoch etwas utopisch erscheinen. Zumindest dort, wo es um deine Person geht. Wer bitte, so magst du dich fragen, bist du, dass es ausgerechnet dir möglich sein sollte, über das Schicksal unseres Planeten zu entscheiden?

Wer, so könnte ich dir die Gegenfrage stellen, sind denn jene Anderen, denen du das ohne große Überlegung zutraust? Für mich bist du ein Mensch, der über viel mehr Kraft verfügt, als ihm gerade bewusst ist. Obwohl die Welt gefühlt schon einmal in einem besseren Zustand war, als sie es heute ist, haben wir nicht erst jetzt das Bedürfnis, sie zum Besseren zu verändern.

Das hat wahrscheinlich auch damit zu tun, dass wir alle geborene Rebellen sind. Zumindest von mir kann ich behaupten, dass ich mich schon als Jugendlicher nur mit Anstrengung den Anweisungen und Befehlen Anderer beugen konnte. Dazu kam, dass bei diesem Thema die Erwachsenen in meinem Umfeld nur wenig hilfreich waren. Begann ich nämlich, eine in meinen Augen sinnlose Anweisung oder Handlung zu hinterfragen, erstickten sie die Diskussion meist sofort mit dem Hinweis, dass ich mich lieber um meine eigenen Sachen kümmern solle. Oder sie bemerkten resigniert, dass man gegen »die da oben« doch ohnehin nichts tun könne. Sooft ich diese Worte aber auch hörte, so wenig konnte und wollte ich mich mit der Idee abfinden, hilflos zusehen zu müssen, wie andere Menschen ungeniert über mein Leben bestimmten.

Nachdem es in der Umgebung meiner Schule einige sehr unschöne Zusammenstöße mit anderen Schülern gab, begann ich, mich mit der Kampfkunst des Shaolin Kung-Fu auseinanderzusetzen. Damals verstand ich zum ersten Mal, dass wir nur dort wehrlos sind, wo wir uns das selbst einreden. Erstmals sollte ich auch eine Weisheit hören, die mich seither durch das Leben begleitet:

Ein wahrer Meister beendet einen Kampf,
bevor er begonnen hat.

Gleichzeitig wurden wir aber wiederholt daran erinnert, dass das ausschließliche Ziel unseres Trainings darin bestand, uns im Falle einer Attacke verteidigen zu können.

Denn ein guter Kämpfer
wird niemals von sich aus
eine Auseinandersetzung
vom Zaun brechen.

Eine Zeitlang nahm ich diese Idee ohne weiteres Nachdenken hin, wohl auch, weil mir einleuchtete, dass der Weg des Kriegers am Ende ein friedlicher ist. Bis ich eines Tages ein Gespräch mit einem Freund hatte, der die alte japanische Kampfkunst des Ninjutsu trainierte. Auch ein Ninja, so hörte ich damals, geht einem Kampf aus dem Weg, wo immer es möglich ist. Wenn eine Auseinandersetzung jedoch unausweichlich ist, darf ein Ninja-Kämpfer niemals darauf warten, dass der

Gegner ihn attackiert. Vielmehr muss er dafür sorgen, dass diesem gar keine Attacke mehr möglich ist. Das konnte im äußersten Fall durchaus dadurch geschehen, dass der Ninja den ersten Schlag führte. »Angriff«, so ging es mir in diesem Augenblick durch den Kopf, »ist die beste Verteidigung.«

Auch wenn diese Idee vermeintlich allem entgegenstand, was ich beim Training des Shaolin-Kung-Fu gehört und gelernt hatte, ließ mich der Gedanke nicht mehr los. Da ich wusste, dass die japanischen Ninja eine eigenständige Kampfkunst entwickelt hatten, begann ich, mich näher mit ihr zu beschäftigen. Schließlich hatte mich die Erfahrung schon früh gelehrt, dass es durchaus Situationen gibt, in denen selbst der friedlichste Mensch einem Konflikt nicht entkommen kann.

Auch ein altes asiatisches Sprichwort besagt:

»Der Baum will Ruhe,
aber der Wind hört nicht auf.«

Bald geriet ich jedoch in einen inneren Zwiespalt. Einerseits war mir durchaus klar, dass eine im Raum stehende Auseinandersetzung nicht zwangsläufig von selbst verschwindet, nur weil man sie ignoriert. Andererseits aber fragte ich mich, wie ein Meister kampflos siegen sollte, wenn er seinen Gegner attackierte? Ganz allgemein stimmte diese Idee nicht mit dem überein, was ich bis dahin über die Denkweise der Asiaten wusste. Ging es denn nicht immer darum, die Kraft des Gegners gegen diesen zu nutzen, indem man die eigene zurücknahm? Konnte es sein, dass mein Freund die Prinzipien des Ninjutsu nicht vollständig verstanden hatte?

In diesem Moment war mein Interesse für die legendären japanischen Schattenkämpfer geweckt, und ich versuchte, alles über sie in Erfahrung zu bringen. Nach und nach erkannte ich, dass der Denkweise der Ninja durchaus die gleichen Ideen zugrunde lagen wie jener der Mönche von Shaolin. Beide, so begann ich zu verstehen, sahen das höchste Ziel darin, eines Tages eine derartige Überlegenheit auszustrahlen, dass kein Gegner mehr auf der Bildfläche erschien. Vor diesem Hintergrund erscheint aber auch die Idee des ersten Schlages, mit dem man einem Angreifer die Kraft nimmt, in einem anderen Licht. Das Ziel eines Ninja war nämlich niemals der Kampf. Vielmehr versuchte er, die Situation schnellstmöglich dadurch unter Kontrolle zu bringen, dass er dem Gegner seine Art der Kampfführung aufzwang. Schließlich wussten schon die alten Japaner:

Wer gezwungen ist, sich zu verteidigen, geht aus einer Auseinandersetzung meist als Verlierer hervor.

Auch die Stärke eines überraschenden Angriffs beruht vor allem darauf, dass der übertölpelte Verteidiger nur noch auf die Attacken des Angreifers reagieren kann.

Selbst wenn es nun so klingen mag, ist dies kein Aufruf zur Gewalt. Ganz im Gegenteil.

Im Laufe der vielen Jahre, die ich mich nun mit der Kunst des Kampfes beschäftige, habe ich verstanden:

Man kann wahre Überlegenheit
nur kampflos erreichen.

Wer versucht, eine Situation mit Gewalt zu seinen Gunsten zu entscheiden, der ähnelt vielmehr einem Geiselnehmer. Wie könnte so jemand unbeschadet aus seiner misslichen Lage herauskommen, wenn er nicht den Rest seines Lebens mit seiner Geisel verbringen möchte? Wer den Weg des Kampfes wählt, der muss sich darüber im Klaren sein, dass er zwar durchaus einige Kämpfe gewinnen, aber niemals endgültig siegen kann. Denn gleichgültig, wie viele Gegner jemand auch schlagen mag, solange er nicht unbesiegbar ist, erscheinen ständig neue.

Wer möchte, dass sich wirklich etwas verändert, der darf sich nicht im Kampf messen. Vielmehr muss er seine Kraft darauf verwenden, das System von innen heraus zu verändern.

So erzählt man sich, dass Meister Bokuden eines Tages seine drei Söhne zu einem Schwertmeister in die Ausbildung schickte. Als sie wieder zurückgekehrt waren, wollte er aufgrund ihres Könnens entscheiden, welchem der drei er sein wertvollstes Erbstück, ein Schwert, überlassen könne. Nachdem er die Söhne aus dem Raum geschickt hatte, verbarg er ein kleines Kissen auf der Vorhangstange des Eingangs, sodass dieses leicht herunterfiel, wenn der Vorhang beim Betreten des Raumes berührt wurde. Anschließend rief er nach dem ersten Sohn. Dieser schob den Vorhang zur Seite, und das Kissen fiel zu Boden. Er hob es wortlos auf und legte es wieder an seine Stelle.

Daraufhin rief Bokuden den zweiten Sohn. Dieser bemerkte das Kissen, als er den Vorhang beiseite schieben wollte. Er nahm das Kissen, trat ein und legte es zurück an seinen Platz.

Schließlich kam die Reihe an den dritten Sohn. Dieser kam herein und zog den Vorhang so schnell weg, dass das Kissen herunterfiel. Bevor dieses jedoch den Boden erreichen konnte, hatte der Sohn bereits sein Schwert gezogen und das Kissen in zwei Hälften geteilt.

Nun standen die drei Söhne bei ihrem Vater im Raum und warteten, dass die Probe begann. Doch Bokuden lächelte nur und sagte, die Prüfung sei bereits beendet. Nur einer von ihnen habe sie bestanden.

Er wandte sich an den ersten Sohn und sagte: »Du musst noch fleißig üben.« Zum zweiten, der das Kissen bemerkt hatte, sagte er hingegen: »Du bist würdig, ein Schwert zu führen.« Dann drehte er sich zu seinem dritten Sohn und sagte in ernstem Ton: »Dir, mein Sohn, sollte niemals erlaubt werden, ein Schwert zu führen. Denn du bist das Unglück der Familie.«

Die Ninja, über deren Hintergrund du im Laufe des Buches vieles erfahren wirst, waren im feudalen Japan die verachteten Gegenspieler der Kriegerkaste der Samurai. Im Gegensatz zu diesen entsprachen die Ninja nämlich so wenig dem damals vorherrschenden Ideal des blinden Gehorsams, dass sie mehr und mehr aus der Gesellschaft ausgeschlossen wurden. Dabei war das Einzige, was man ihnen zur Last legen konnte, die Einsicht, dass jeder Mensch für sich selbst schauen muss, wo er bleibt. Während für einen Samurai der Sinn des Lebens vor allem in der Treue zu seinem Fürsten lag, dem er oft in Form des rituellen Selbstmords bis in den Tod folgte, interessierte die Ninja vor allem, was der Einzelne tun kann, um ein zuweilen aus den Fugen geratenes System wieder ins Lot zu bringen. Auch wenn man sie heute vor allem als Krieger kennt, war der wahre Kern ihrer Weisheit ein tiefgehendes Verständnis für die Prinzipien der Natur. Wie auch die Mönche von Shaolin haben uns die Ninja etwas hinterlassen, das weit über die Kampfkunst hinausgeht. Ihr wahres Erbe ist, dass wir bis heute mit Achtung zu ihnen aufschauen, weil sie uns gezeigt haben:

Auch ein einziger Krieger
kann einen zahlenmäßig überlegenen Feind
in die Knie zwingen.

Das geheime Wissen darüber, wie so etwas möglich ist, möchte ich dir in diesem Buch ebenso näherbringen wie die Antwort auf die Frage, wie es sich auf deinen persönlichen Alltag übertragen lässt. Wer denkt und handelt wie Ninja, der versteht, dass man mit der richtigen Denkweise mehr verändern kann als mit tausend Kriegen. Gerne möchte ich dir zeigen, dass auch dir das gelingen kann. Bist du bereit? Dann lass uns gehen.

Das Wasser, das ein Schiff trägt,
ist dasselbe, das es verschlingt.

(aus Asien)

1

Das geheime Wissen vom Zulassen

Lerne, die Wahrheit auch dort zu sehen, wo es dir widerstrebt

Die Wahrheiten,
die wir am wenigsten gern hören,
sind diejenigen, die wir am
nötigsten kennen sollten.
(aus Japan)

Vor etwa tausend Jahren lebten in der Einsamkeit des gebirgigen Südens Japans einige Großfamilien. In Iga, in der Präfektur von Mie, weit entfernt von der hektischen Zivilisation, hatten sie sich der Suche nach einem spirituellen Erwachen verschrieben. Der Weg dorthin sollte über ein Dasein führen, das in völligem Einklang mit der Natur und dem eigenen Selbst stand. Fest verbunden mit der Erde, die ihre Körper, aber auch ihre Seelen nährte, hatten sie seit langem erkannt, dass die tiefe Verbindung mit den Elementen ihnen eine bis dato unbekannte spirituelle Kraft gab.

Den Ausgangspunkt ihrer Überlegungen bildete das alte tantrische Wissen aus China und Tibet, das auf verschlungenen Wegen zu ihnen gelangt war. Mit dessen Hilfe versuchten sie nun zu verstehen, wie alles miteinander in Verbindung stand. Welche Rolle konnte und sollte der Einzelne in diesem großen Zusammenhang spielen?

Wie konnte sich jeder harmonisch in den Lauf der Dinge einfügen und Teil eines friedvollen Ganzen werden, indem er im Einklang mit den unveränderlichen Gesetzen der Natur lebte? Nun war den Familien durchaus bewusst, dass die Beschäftigung mit diesen Fragen und ihre Erkenntnisse sie eines Tages in ernsthafte Gefahr bringen konnte. Daher hielten sie ihr Wissen nach außen hin geheim und gaben es nur untereinander weiter.

Doch aller Vorsicht zum Trotz erregten sie schon bald den Argwohn mächtiger Feinde. Weder der Kaiser noch die japanische Priesterschaft hatten schließlich ein Interesse daran, dass ihre Untertanen Einblick in die Möglichkeiten einer spirituellen Weiterentwicklung erhielten.

Wissen, so war bereits den damaligen Herrschern bewusst, ist Macht.

Wer Zusammenhänge versteht, so erkannte die Obrigkeit schnell, der denkt nach. Und wer nachdenkt, der beginnt eines Tages, auch jene Umstände zu hinterfragen, die der Ahnungslose mangels besseren Wissens demütig als gegeben hinnimmt. Bei den Eliten läuteten die Alarmglocken. Was, wenn diese Menschen irgendwann auch die angeblichen Tatsachen infrage stellen würden, auf denen die gottgleiche Legitimation ihrer Macht basierte?

Als schließlich Geschichten den kaiserlichen Hof erreichten, denen zufolge die Einsiedler von Iga Methoden entwickelt hätten, um ihre geistigen Kräfte zu ihrem persönlichen Nutzen zu kanalisieren, bekamen die religiösen Führer Angst. Was immer dort in den Bergen vor sich gehen mochte, es musste dringend gestoppt werden. Die Priester mussten den besorgten Kaiser nicht lange überreden, gegen die unliebsame Konkurrenz vorzugehen. Ohne zu zögern, ließ der Tenno die Mystiker als Unruhestifter brandmarken und entsandte seine Truppen mit dem Auftrag, sie zu töten.

Jenen Familien, die das Massaker überlebten, war das Geschehen Lehre und Auftrag zugleich. Denn ein Mensch, so wussten sie, lernt wenig von seinem Siege, aber viel von seiner Niederlage.

Wollten sie weiterbestehen, so wurde ihnen klar, dann mussten sie lernen, sich selbst zu schützen.

Owohl vom Staat keinerlei Hilfe zu erwarten war, konnten die Familien nicht einfach wegziehen. Abgesehen davon, dass der Kaiser sie überall hin verfolgt hätte, wem hätten sie sich überhaupt beugen sollen? Selbst wenn die Beamtenschaft sie als Gefahr betrachtete, hatten sie niemandem etwas getan. Dazu kam, dass die nun offenen Anfeindungen durch den Kaiser und seine Soldaten nicht die ersten Herausforderungen gewesen waren, denen sie sich hatten stellen müssen. Viel zu oft hatten sie bereits zu spüren bekommen, dass ihnen Gefahr drohte.

Denn jemand, der Wahrheiten sieht,
die für andere Menschen unbequem sind,
wird schnell zum Ziel
von Bedrohungen und Angriffen.

Hinzu kam, dass die Bewohner von Iga im Kampf gegen die kaiserlichen Truppen einen nicht zu unterschätzenden Vorteil gegenüber ihren Gegnern hatten. Während es den Samurai nämlich ihre Ehre gebot, heroisch und sichtbar Mann gegen Mann zu kämpfen, ließen sich die Bergbewohner nicht von solchen Idealen einschränken. Vielmehr galt ihnen alles als erlaubt, was ihr Überleben sicherte. Die jahrelange Abgeschiedenheit hatte sie schließlich gelehrt, im Einklang mit der Natur zu leben.

Sie hatten das Wasser der Bergbäche beobachtet, das alles durchdrang und sich von nichts aufhalten ließ. Einzelne Tropfen, die plötzlich gemeinsam die Macht hatten, ganze Häuserzeilen fortzureißen, um dann ihren Weg wieder als friedliches kleines Rinnsal fortzusetzen. Gleichzeitig hatten die Siedler von Iga im Laufe der Zeit Techniken entwickelt, die es ihnen ermöglichten, sich unauffällig zu bewegen, indem sie sich vor etwaigen Angreifern tarnten. Bald sollte dieses Wissen ihren Kampf gegen die übermächtigen staatlichen Truppen prägen.

Als »Ninja«, auf Japanisch so viel wie »der Verborgene«, attackierten sie ihre Feinde, wo immer möglich, aus dem Hinterhalt. Selbst wenn das nicht unbedingt ehrenhaft aussah, hatte es durchaus eine durchschlagende Wirkung. Denn bis heute beruht der Ruf der Ninja auf ihrer Fähigkeit, auch zahlenmäßig deutlich überlegene Gegner zu besiegen.

Wer aus dem Hintergrund heraus agiert,
ist schwer greifbar und
hat daher bereits den halben Kampf gewonnen.

Auch wenn es die legendären Schattenkämpfer, die nicht nur vielen Japanern als ein Symbol für Freiheit und ein selbstbestimmtes Leben gelten, mittlerweile nur noch in Büchern und Filmen gibt, ist ihr über Jahrhunderte geheim gehaltenes Wissen heute aktueller denn je. Denn damit ein Ninja in einer Umgebung überleben konnte, in der es die Wenigsten mit ihm gut meinten, musste er bereits als Kind eines lernen:

Ein guter Kämpfer muss seine Wünsche
und seine Vorstellungen
von jenen unleugbaren Tatsachen trennen,
welche die Realität ihm vorgibt.

Nicht das, was er sich wünschte, durfte ein Ninja als Basis für seine Entscheidungen heranziehen, sondern einzig das, was wirklich war. So musste er schon früh akzeptieren lernen, dass er selbst von jenen Menschen belogen und verraten werden konnte, die er liebte.

Niemals durfte er sich der Illusion hingeben, dass die Dinge weniger schlimm stehen könnten, als sie es waren.

Zwar musste ein Schattenkämpfer nicht grundsätzlich jedem Menschen misstrauen. Er konnte es sich gleichzeitig aber auch nicht erlauben, davon auszugehen, dass alle Menschen so dachten und handelten, wie er es selbst tat. Eine ursprünglich natürliche Fähigkeit, die vielen von uns im Laufe der Zeit abhandengekommen ist. Denn auch wenn uns eigentlich klar ist, wie sehr Menschen sich voneinander unterscheiden:

Wir gehen tief in unserem Inneren davon aus, dass alle Menschen uns zumindest auf eine gewisse Weise ähnlich sind.

Deswegen fällt es uns auch so schwer zu verstehen, wieso ein Freund einen Künstler, den wir glühend bewundern, einfach nur langweilig findet. Oder dass er unserem Lieblings-Hobby nichts abgewinnen kann. Genauso wenig können wir meist nachvollziehen, warum anderen Menschen Dinge schwerfallen, die wir selbst ganz nebenbei erledigen.

Beobachtete ein Ninja aber das Element Wasser, so sah er, dass kein Tropfen dem anderen glich. Obwohl sie alle schillerten und nass waren, waren doch niemals zwei von ihnen exakt gleich. Während die Samurai lange Zeit davon ausgingen, dass jeder Kämpfer sich ihrem kriegerischen Ehrenkodex zu unterwerfen und daher so zu denken und zu handeln hatte wie sie selbst, lehrten die Ninja sie rasch das Gegenteil. Frei von jedweder Erwartung beobachteten die Schattenkämpfer ihre Gegner so lange, bis sie diese durch und durch verstanden hatten.

Ein Ninja überließ
nichts dem Zufall
und nichts seiner Emotion.

Wir aber ähneln vielmehr den Samurai, die uns, anders als ihre legendären Gegenspieler, aus zahllosen Filmen vertraut sind. Immer haben wir genaue Vorstellungen davon, wie die Dinge sein sollten, und immer wollen wir glauben, dass sie daher auch so sind. Das gilt sogar für unsere Werte und Vorstellungen. Warum sonst würden wir erwarten, dass ein Krimineller seine uns völlig sinnlos scheinende Tat bereut? Und wieso werden wir ärgerlich, wenn er es nicht tut? Warum können wir nicht begreifen, dass der Betreffende seine Handlung vielleicht total richtig findet und umgekehrt unsere Aufregung nicht begreift?

Wer in der Lage ist,
seinen Gegner zu verstehen,
der versteht das Wesen der ganzen Welt.

Wie nämlich kommen wir überhaupt auf die Idee, von einem anderen Menschen zu verlangen, dass er etwas bedauern soll, das er ganz bewusst getan hat? Nur weil wir an seiner Stelle so handeln würden?

Warum aber behindert uns nun unsere eigene Sicht auf die Dinge? Und weshalb eröffnet uns das Verstehen des Gegners eine gänzlich neue Welt?

Letztlich ist es so, dass uns diese Unfähigkeit, den Gedanken zuzulassen, dass selbst Menschen aus demselben Kulturkreis nicht gleich sind, ganz schön teuer zu stehen kommen kann. Dennoch schauen wir lieber nicht so genau hin und wiegen uns in der Illusion, dass wir alle dieselben Ziele verfolgen.

Daher möchte auch jemand, der sich selbst für ehrlich hält oder es vielleicht sogar ist, diese Eigenschaft meist unbedingt auch in seinen Mitmenschen sehen.

Mit anderen Worten erwartet ein Mensch,
auf den man sich verlassen kann,
oft das Gleiche bedingungslos
von seiner Umgebung.

Für jemanden, der so denkt, hat eine am Wirtshaustisch getroffene, mündliche Vereinbarung den gleichen Stellenwert wie ein von einem Notar beglaubigter Vertrag. Ein Verhalten, das aber nur auf den ersten Blick eigenartig wirkt. Denn wenn der Betreffende vorhat, sich an die Abmachung zu halten, warum sollte er dann nicht davon ausgehen dürfen, dass es auch sein Gegenüber tut?

Die Antwort ist leicht, sobald wir akzeptieren, dass wir Menschen einfach nicht gleich sind.

Die Tatsache, dass wir niemanden
absichtlich ausnutzen,
schützt uns noch lange nicht davor,
selbst ausgenutzt zu werden.

Interessanterweise scheinen dennoch viele Menschen, die bis heute fest an diese Art der »Handschlags-Qualität« glauben, durch nichts von ihrer Meinung abzubringen zu sein. Gleichgültig, wie oft sie bereits draufgezahlt haben, verzichten sie beim nächsten Mal wieder darauf, sich beispielsweise die mündlich getroffene Vereinbarung auch schriftlich bestätigen zu lassen.

Wer aber wie ein Ninja allein kämpft,
der weiß, dass er sich ständig
nach allen Seiten absichern muss.

»Wenn Güte von dir ausgeht«, so sagt man in Japan, »dann wirst du auch Güte erfahren.« Eine Ansicht, von der wohl bereits die Ninja wussten, dass sie mehr Wunschtraum als Tatsache ist. Doch warum klammern sich bis heute so viele Menschen an diese Idee? Warum lassen wir zu, dass andere uns über den Tisch ziehen, uns ausnutzen und unsere Gutgläubigkeit als selbstverständlich voraussetzen?

Steckt hinter diesem Verhalten, mit dem wir uns oft wissentlich selbst schädigen, vielleicht noch mehr?

In erster Linie hat es meiner Meinung nach damit zu tun, dass wir alle geliebt werden wollen. Diese unbewusste Sehnsucht bewirkt aber eine oft irrationale Angst davor, zurückgewiesen zu werden. Nehmen wir an, wir haben uns mit einem Freund per Handschlag darauf geeinigt, ihm Geld zu leihen. Hand aufs Herz: Wäre der eigentliche Gewinn in dieser Situation nicht das wunderbare Gefühl, von jemandem gebraucht zu werden?

Schon die Ninja wussten,
dass wir vieles nur tun,
um uns selbst zu beweisen, dass
andere Menschen auf uns angewiesen sind.

Eine Emotion, die auf viele Menschen wie eine Droge wirkt. Daher steht der Forderung nach einer schriftlichen und damit auch offiziell gültigen Vereinbarung oft die Angst entgegen, der Schuldner könne diese als Zeichen des Misstrauens verstehen. In diesem Moment aber erwacht in uns eine Angst, die noch weitaus stärker ist als jene, unser Geld zu verlieren: Jener Mensch, der uns gerade das Gefühl vermittelt hat, unsere Hilfe zu benötigen, könnte einen Rückzieher machen. Was, so geht uns durch den Kopf, wenn der Andere plötzlich meint, unter diesen Umständen könne er sich das Geld ja auch von jemand anderem leihen? Schon sehen wir unsere Felle davonschwimmen.

Glauben wir denn wirklich, so hören wir den vorgeblich in Not Geratenen fragen, dass er es ernsthaft nötig hätte, uns um diese kleine Summe zu betrügen? Obwohl wir es spätestens in diesem Moment eigentlich besser wissen müssten, weichen wir innerlich zurück. Ohne uns die wahren Gründe bewusst zu machen, verzichten wir gleichsam als Wiedergutmachung sogar darauf, uns die Übergabe des Geldes schriftlich bestätigen zu lassen. In der Überwindung dieser Furcht vor dem Zurückgewiesenwerden steckt aber eine tiefergehende Weisheit.

Wenn du das nächste Mal Angst hast,
auf etwas zu bestehen,
das dir unangenehm ist, dann
denke daran, dass
nicht jeder Mensch denkt wie du.

Lass den Gedanken ruhig zu, dass wir Menschen uns oft von Emotionen leiten lassen, sei es Angst, Zorn oder Wut. Denn treten wir in einer solchen Situation einen Schritt zurück, dann erkennen wir:

Auch unangenehme Gefühle
können Wegweiser sein.

Verstehe mich an dieser Stelle bitte nicht falsch. Ich möchte weder behaupten, dass alle Menschen grundsätzlich böse sind, noch dich dazu ermuntern, jede Kleinigkeit schriftlich zu fixieren. Ich möchte dich aber darauf hinweisen, dass eine solche Denkweise nur dort erfolgreich sein kann, wo sich jeder darauf verlassen kann, dass tatsächlich alle anderen auch so denken.

Bis heute erinnere ich mich an einen Hinweis, den ich vor meiner ersten Reise nach Japan in einem Reiseführer gelesen habe: Ob beim Einkauf oder im Restaurant, zählen Sie niemals das Wechselgeld nach. Abgesehen davon, dass Sie sich darauf verlassen können, dass die zurückgegebene Summe korrekt ist, würde Ihr Gegenüber durch dieses offen zur Schau gestellte Misstrauen sein Gesicht verlieren.

Ich möchte nun nicht behaupten, mich zur Gänze an diesen Ratschlag gehalten zu haben. Denn obwohl es mir gelang, meinen Kontrollreflex zu unterdrücken, solange ich in Sichtweite der Kasse war, überprüfte ich das Wechselgeld bei der ersten sich bietenden Gelegenheit. Auch wenn man mir tatsächlich jedes Mal korrekt herausgegeben hat, ist mir durchaus bewusst, dass so etwas nur in einer Gesellschaft funktionieren kann, in der die Menschen alles tun, um nicht aufzufallen. Überall anders auf der Welt hätte ich mit diesem Vertrauen wohl sehr schnell ohne Geld dagestanden.

Nun ist die Tatsache, dass es nicht jeder gut mit uns meint, eine unangenehme Wahrheit, die viele nicht akzeptieren wollen. Manchen ist allein die Idee der Existenz des Bösen derart zuwider, dass sie alles leugnen, was diese auch nur im Ansatz beweisen könnte. Selbst wenn dieses Verhalten in gewisser

Weise verständlich ist, hat es oft durchaus schwerwiegende Folgen.

Häufig geht dieses Leugnen nämlich so weit, dass wir nicht einmal dort sehen möchten, dass ein anderer es nicht gut mit uns meint, wo es uns schon überdeutlich vor Augen geführt wird. Anstatt die Tatsache einfach zu akzeptieren, beginnen wir verzweifelt, das unangebrachte Verhalten unseres Gegners auch noch zu verteidigen. Wir finden Erklärungen, warum wir es uns nur einbilden. Wir möchten sehen, dass der Fehler in Wirklichkeit bei unserer eigenen Unachtsamkeit liegt oder dass den Anderen zumindest keinerlei Schuld trifft. Ohne es wirklich zu wollen, geben wir dadurch aber unbewusst genau jenen Personen Macht, die uns und anderen vorsätzlich schaden.

Ein einfaches Beispiel hierfür ist die Tatsache, dass mittlerweile fast jedem industriell gefertigten Essen ein ungesundes Maß an Zucker zugesetzt wird. Auch wenn ich über die dahinterstehende Absicht nur mutmaßen kann, ist einem Manager, der diese Entscheidung verantwortet, definitiv klar, dass er damit vorsätzlich der Gesundheit seiner Mitmenschen schadet. Schließlich sollte wohl jedem, der in der Lebensmittelbranche arbeitet, bekannt sein, dass raffinierter Zucker bereits Kinder krank macht. Dennoch höre ich immer wieder, dass hier jeder selbst in der Pflicht sei. Man könne von einem Erwachsenen doch wohl erwarten, sich dafür zu interessieren, was den verschiedenen Nahrungsmitteln zugesetzt werde!

Aber warum muss ich immer davon ausgehen, dass jemand anders mir schaden will? Warum muss ich prüfen, ob mir jemand vorsätzlich etwas in mein Essen mischt, das mich krank macht? Wieso wird es als Schwäche gesehen, anderen Menschen einfach zu vertrauen?

Das geheime Wissen vom Zulassen lehrt uns zu akzeptieren, dass die Waffen unserer Gegner oft viel mächtiger sind, als wir es uns vorstellen wollen.

Denn nur, wenn wir bereit sind,
in unserem Mitmenschen auch einen Angreifer
zu sehen, werden wir
eine wirksame Abwehrstrategie entwickeln.

In den meisten Fällen sind es nämlich wir selbst, die unsere Gegner stark machen. Sei es, weil wir leugnen, dass sie überhaupt existieren, sei es, weil wir uns die Illusion nicht zerstören wollen, von allen gemocht zu werden.

Wie aber bringen uns die Angreifer nun dazu, dass wir ihr Handeln auch noch verteidigen?

Indem sie uns dort attackieren, wo es uns am meisten wehtut: bei dem bereits erwähnten tief in uns verwurzelten Wunsch, uns geliebt zu fühlen. Mit ganz wenigen Ausnahmen möchte jeder Mensch das Gefühl haben, dass die anderen ihn schätzen und respektieren. Nur passt das natürlich nicht mit der Idee zusammen, dass ein anderer uns belügt.

Welchen Wert können wir denn in den Augen eines Menschen haben, für den es nicht einmal der Mühe wert ist, uns die Wahrheit zu sagen?

Da die Selbstachtung bei den meisten von uns an oberster Stelle steht, haben viele einen sehr effizienten Abwehrmechanismus entwickelt, um den Tatsachen nicht ins Auge sehen zu müssen: Sie belügen neben allen anderen auch noch sich selbst. Menschen, die so denken, erkennt man vor allem daran, dass sie sehr aggressiv reagieren, wenn jemand auf offensichtliche Missstände hinweist.

So wird man in den Diskussionsforen großer Tageszeitungen von den anderen Teilnehmern sehr schnell aufgefordert, doch »nach Nordkorea, Russland oder China« auszuwandern, wenn man sich erlaubt, Kritik am bestehenden politischen System im eigenen Land zu üben. Genauso haben viele vollstes Verständnis dafür, wenn es bei den öffentlichen Verkehrsmitteln zu stundenlangen Ausfällen kommt oder bereits bezahlte Flüge aufgrund »höherer Gewalt« einfach abgesagt werden. Die gleichen Personen kennen aber keinerlei Gnade, wenn ein einzelner Fahrgast in der Hektik vergessen haben sollte, seinen Fahrausweis zu entwerten.

Wer Fehler macht,
so heißt es dann,
soll auch für sie bezahlen!

Darf man nun aber Fehler machen oder nicht? Wenn nein, warum sehen wir dann in einem Fall so großzügig über sie hinweg, während wir auf der anderen Seite für ein viel geringeres Vergehen auf einer Bestrafung bestehen?

Weil, so die einfache Antwort, der Fahrgast ohne Ausweis uns nicht das gleiche Gefühl der Hilflosigkeit vermittelt wie ein Gegner, der uns überlegen scheint. Ein Ninja hingegen musste schon früh lernen, solche gegensätzlichen Gefühle zu verstehen und dabei die Handlungen seiner Gegner niemals unbeobachtet zu lassen.

Denn wer die Wahrheit
auch dort schätzt,
wo sie schmerzt,
den führt keine Lüge in die Enge.

Dazu kommt, dass wir Fehler unterschiedlich bewerten, je nachdem, wie wir zu demjenigen stehen, der sie begeht. Im Falle der Bahn oder der Fluglinie ist der Angreifer, der uns um die bezahlte Leistung bringt, nicht greifbar. Daher versuchen wir, ihn zu ignorieren.

Wir lügen uns
die Realität so zurecht,
dass wir weiter
an das Gute glauben können.

Hätten die Bewohner von Iga aber genauso gedacht, wären sie von dem Staat, der sie eigentlich beschützen sollte, am Ende gewiss vernichtet worden. Nur die unbedingte Ehrlichkeit sich selbst gegenüber hat den ersten Ninja zu einer unvoreingenommenen Sicht auf die Dinge verholfen.

Das Wissen, dass andere Menschen es nicht immer gut meinen, hat ihnen wohl das Leben gerettet. Ein Gedanke, den wir auch für uns selbst zulassen müssen. Wie aber kann das gehen? Wie lernen wir, uns unliebsamen Tatsachen auch dort ins Auge zu schauen, wo sie unsere inneren Überzeugungen angreifen, und die Welt so zu sehen, wie sie wirklich ist?

Das geheime Wissen vom Zulassen lehrt uns, bei der Beurteilung einer Lage immer nur Fakten, aber niemals Gefühle als Grundlage heranzuziehen.

Jedwede Art von Emotion,
so war den Ninja schon lange bekannt,
lässt uns Dinge verstehen,
die unser Verständnis nicht verdienen.

Sie lässt uns vielmehr sogar jene Zustände verteidigen, die wir eigentlich verändern wollen.

Gerade wenn wir die Welt ändern und zu einem besseren Ort machen wollen, müssen wir wertfrei erkennen und akzeptieren, was tatsächlich geändert gehört. Denn diejenigen, die unsere Erde und unsere Gesellschaft zu dem gemacht haben, was sie heute ist, werden es uns kaum sagen.

Hier hilft uns das Wissen der Ninja, nicht noch zusätzlich in einen Kampf mit uns selbst zu geraten, indem wir das Fehlverhalten anderer Menschen verteidigen.

Denn auch wenn ich einen Großteil der Menschheit für gut halte, gibt es definitiv eine kleine Minderheit, die uns Böses will. Und obwohl dies eine Wahrheit ist, die wir nur ungern hören, ist es wohl eine von denen, die wir am nötigsten kennen sollten.

ÜBUNGEN

Wann hast du dich das letzte Mal selbst belogen? Warum?

Würdest du eher eine Büroassistentin oder einen Richter verklagen, wenn sie dir geschadet hätten? Warum?

Gibt es Journalisten, die vorsätzlich lügen? Woher weißt du das?

Woher kommt die Angst davor, zurückgewiesen zu werden?

Warum verteidigst du das Fehlverhalten anderer Menschen?

Wem glaubst du, bedingungslos vertrauen zu können? Warum?

Entwickle deine Fähigkeit, die Dinge auf den ersten Blick zu durchschauen.

(Miyamoto Musashi)

2
Das geheime Wissen von der Übersicht

Lerne, so weit von deinen Vorstellungen zurückzutreten, bis du die ganze Situation überblicken kannst

Generäle siegen,
Soldaten fallen.
(aus Japan)

Obwohl die Ninja und die dem japanischen Tapferkeitsideal verpflichteten Samurai gegenseitig mit einer gewissen Verachtung aufeinander herabschauten, waren beide dennoch immer dafür offen, völlig emotionslos von ihren Gegnern zu lernen. So war das Wissen des Samurai Miyamoto Musashi, der bis heute als der beste Schwertkämpfer aller Zeiten gilt, auch für die Ninja von großem Interesse. Schließlich beschäftigt sich Musashi in seinem »Buch der fünf Ringe«, dem »Gorin no sho«, nicht nur mit der Kunst der richtigen Schwertführung. Vielmehr übergibt er seinen Lesern darin sein gesamtes Wissen rund um den Kampf.

Doch worin sieht der Meister den Schlüssel zum Sieg? Neben der Fähigkeit, die Waffe mit äußerster Perfektion zu führen, weist er auf die entscheidende Herausforderung jedes Kampfes hin:

Ein Kämpfer darf niemals
die Übersicht
über die Gesamtsituation verlieren.

So heißt es im »Gorin no sho«: »In der Kampfkunst kommt es vor allem darauf an, Fernes so deutlich zu sehen, als wäre es nah, und Nahes mit prüfendem Abstand zu schauen.« Wo uns die Distanz zum Geschehen fehlt, so möchte Musashi uns sagen, dort besteht die Gefahr, dass wir die wahren Absichten unseres Gegners aus den Augen verlieren. Was bedeutet das nun konkret? Lass es mich an einem Beispiel verdeutlichen.

Man erzählt sich, dass eines Tages an einer Grenze ein ärmlich gekleideter Mann auf einem Fahrrad vorfuhr. Auf dem

Gepäckträger transportierte er einen Sack, der mit einem dicken, starken Riemen befestigt war. Als der Zöllner ihn sah, winkte er ihn heran und fragte: »Hast du etwas zu verzollen?«

Der Mann schüttelte den Kopf.

»Was hast du denn in diesem Sack?«

»Nur Sand«, sagte der Mann.

Misstrauisch forderte der Beamte ihn auf, den Sack zu öffnen, und warf einen Blick hinein. Doch es war tatsächlich Sand darin.

Eine Woche lang kam der Mann mit dem Sack auf dem Gepäckträger täglich zur Grenze, und der Zöllner winkte ihn durch. Doch der Sack ließ ihm keine Ruhe.

Am achten Tag hielt er den Radfahrer erneut an. »Was ist in diesem Sack?«

»Sand«, sagte der Mann.

Der Grenzer schickte den Sand durch ein großes Sieb, doch in dem Sack schien tatsächlich nichts anderes zu sein.

Zwei weitere Wochen lang passierte der Mann täglich die Grenze, bis es dem Beamten zu bunt wurde. Er beschlagnahmte Sack und Inhalt und schickte beides in die Stadt zu einer genaueren Untersuchung. »Sand« stand im Bericht.

Es verging ein weiterer Monat, an dem der Radfahrer mit dem Sack jeden Tag an der Grenze auftauchte. Schließlich hielt der Zöllner es nicht mehr aus. Er musste unbedingt wissen, was dieser Mann jeden Tag unverzollt über die Grenze brachte! Ärgerlich nahm er ihn beiseite und sagte: »In Ordnung, du hast gewonnen. Ich verspreche dir, dass ich dich nicht verrate, aber du schmuggelst doch etwas. Sag mir endlich, was es ist!«

Der Grenzgänger sah ihn lächelnd an und sagte: »Fahrräder.«

Mal ganz offen gefragt: Wäre dir klar gewesen, was dieser Schmuggler unverzollt über die Grenze brachte? Oder wärst du ihm ebenso auf den Leim gegangen wie der Zöllner?

Für mich beschreibt diese Geschichte eindrucksvoll die Tatsache, dass wir nur dort geeignete Abwehrmaßnahmen gegen einen Angriff finden können, wo wir die totale Übersicht haben. Daher wird ein geschickter Gegner auch alles tun, um uns genau diese zu nehmen.

Bereits den Ninja war bekannt, dass ein Mensch sich dort am leichtesten täuschen lässt, wo er sich einmal auf eine Annahme eingeschossen hat. Wir wollen dann nämlich nur noch das hören und sehen, was unsere Theorie bestätigt, und blenden alles andere einfach aus. Eine Technik, die im alten China unter dem Motto »Im Osten lärmen und im Westen angreifen« bekannt war. Wurden an einem Punkt Truppen zusammengezogen, so waren sich die Gegner oft sicher, dass der Angriff zwangsläufig auch von dort aus erfolgen würde. Folglich konzentrierten sie all ihre Kräfte auf diesen Bereich und übersahen dabei die kleine, tödliche Gruppe Soldaten, die ihnen von der anderen Seite in den Rücken fiel.

Sobald wir uns
in ein Detail verbeißen,
verlieren wir den Blick
für das große Ganze.

Wir richten unsere ganze Aufmerksamkeit auf das vom Gegner vorgegebene Ziel und sehen dadurch nicht mehr, was rundherum geschieht. Dadurch sind wir aber außerstande, die Situation klar zu beurteilen. Auch der Schmuggler lenkt geschickt den Argwohn des Beamten auf den Sack auf dem Gepäckträger. Und sobald er den Zöllner davon überzeugt hat, dass sich das Schmuggelgut genau in diesem befinden muss, hat er gewonnen.

Wer den Gegner täuschen will,
muss einzig dessen Wahrnehmung kontrollieren.

Diesen Mechanismus machten sich die Ninja ausgiebig zunutze. Im Gegensatz zu den Samurai, die vor allem dafür lebten, möglichst ehrenhaft auf dem Schlachtfeld zu sterben, versuchten die Schattenkämpfer nämlich, den Kampf wo immer möglich zu vermeiden. Das wiederum funktioniert überall dort besonders gut, wo man den Gegner dazu bringt, einen für stärker zu halten, als man tatsächlich ist. Schließlich greift man nur selten jemanden an, der einem überlegen zu sein scheint.

So entwickelten die japanischen Elite-Kämpfer im Laufe der Zeit Techniken, die heute jedem Magier zur Ehre gereichen würden. Mittels spezieller Sprungtechniken erweckten sie den Eindruck, fliegen zu können, und der geschickte Einsatz selbstgefertigter Nebelkerzen hinterließ den Anschein, ein Ninja könne sich gleichsam in Luft auflösen. In Windeseile verbreitete sich das Gerücht, die Schattenkämpfer verfügten über magische Kenntnisse. Eine Halbwahrheit, mit der die Gegner sich sehr effizient selbst schwächten.

Wer glaubt, dass ein Angreifer
übermenschliche Fähigkeiten hat,
der macht ihn stärker, als er in Wahrheit ist.

Diese Technik funktioniert bis heute. Überlege dir nur einmal, was es mit dir macht, wenn du hörst, dass dein Leben doch ohnehin von den »Eliten«, den »oberen Zehntausend« oder der »Hochfinanz« bestimmt wird. Allein durch das Verwenden solcher Ausdrücke geben wir anderen Menschen Macht über uns – und uns selbst ein Gefühl der Hilflosigkeit, das kein Angreifer jemals ohne unsere Unterstützung hervorrufen könnte.

Sehr oft beruht Macht der Täuschung auch darauf, dass wir uns selbst lähmen, indem wir uns nur auf jenen Ausschnitt einer Situation fokussieren, der vermeintlich zu unserem Nachteil ist. Anstatt nun umgehend die notwendigen Veränderungen einzuleiten, beginnen wir, uns und unsere Lage zu bedauern. Dadurch aber verstärken wir in uns dieses Gefühl der Wehrlosigkeit bis hin zur Depression.

Stell dir vor, jemand, der mit der Politik in seinem Land unzufrieden ist, muss bei jeder sich bietenden Gelegenheit lesen, dass er mit dieser Ansicht allein dasteht. Laut Umfragen werden nämlich jene Parteien, mit deren Entscheidungen dieser Jemand so überhaupt nicht einverstanden ist, mit überwältigender Mehrheit wiedergewählt. Versetze dich bitte kurz in die Lage dieser Person. Wie ginge es dir in einer solchen Situation?

Ich behaupte, du würdest dich alleingelassen fühlen. Wozu, so würdest du wohl denken, soll ich noch etwas tun, wenn ohnehin die ganze Welt gegen mich ist? Interessanterweise würde es auch nichts an diesem Gefühl ändern, wenn du aus deinem direkten Umfeld große Zustimmung für dein Verhalten bekämst. Da deine Gegner dir die Übersicht genommen haben, betrachtest du jene, die dich unterstützen, als kleine Minderheit, selbst wenn die Wahrheit in Wirklichkeit eine ganz andere ist.

Bist du aber erst einmal in dieser Blase gefangen, so kann dir niemand mehr helfen, sie zu verlassen, außer du selbst. Erst wenn es dir gelingt, die Situation ganz bewusst von außen zu betrachten, kommst du wieder in die Lage, die Umstände objektiv zu beurteilen.

Nun konnte für einen Ninja die Frage, ob er eine Situation richtig oder falsch einschätzte, den Unterschied zwischen Leben und Tod bedeuten. Schließlich beherrschten nicht nur die Schattenkrieger die Technik der Falschinformation, sondern auch ihre Gegner. Wie aber konnte ein Ninja feststellen, ob er seinen Annahmen vertrauen konnte?

Zuallererst einmal musste er einen großen Schritt zurücktreten und sich bewusst machen, dass niemand auf dieser Welt die ganze Wahrheit kennt.

Gleichgültig, wie überzeugt wir auch sein mögen, alles zu wissen: Wir müssen immer davon ausgehen, irgendein Detail übersehen zu haben.

So sagt man in Asien, dass es Dinge gibt, die ich nicht sehe, solche, die du nicht siehst und solche, die wir beide nicht sehen.

Daher gibt es drei Wahrheiten: meine Wahrheit, deine Wahrheit und die Wahrheit.

Vor langer Zeit, so erzählt eine alte Geschichte, lebten vier blinde Männer. Diese wollten unbedingt wissen, was ein Elefant ist. Eines Tages kam tatsächlich eines der mächtigen Tiere in ihre Stadt, und sie gingen hin, um ihn zu berühren.

Der erste Blinde umfasste ein Bein. »Ein Elefant«, so rief er erstaunt aus, »ist wie eine dicke Säule!«

»Nein«, entgegnete der Zweite, der die Stoßzähne abtastete, »ein Elefant ist doch wie ein Speer!«

»Ein Elefant«, entgegnete der Dritte, der das Tier von der Seite her befühlt hatte, »ist nichts von dem, was ihr sagt. Er ist vielmehr wie eine mächtige Wand!«

Woraufhin der Vierte, der den Schwanz anfasste, entrüstet entgegnete: »Wie kommt ihr denn auf so etwas? Ein Elefant ist wie ein Strick!«

Die Blinden begannen zu streiten und konnten sich nicht einigen. Jeder beharrte auf seiner Erkenntnis und beschimpfte die anderen als Narren.

In diesem Moment kam ein Sehender des Weges. Er beobachtete eine Zeit lang den Streit zwischen den Blinden, von denen jeder gleichzeitig recht und wiederum doch nicht recht hatte. Dann sagte er zu ihnen: »Wisst ihr was? Ein Elefant ist ein Tier mit Stoßzähnen, die einem Speer ähneln, Beinen, die wie starke Säulen sind, mit einem Schwanz, der sich wie ein Strick anfühlt, und mit einem Rumpf, der wie eine breite Wand wirkt.«

Beschämt senkten die Blinden den Kopf und dankten dem Fremden. Jeder von ihnen, so mussten sie zugeben, hatte nur einen Teil des Elefanten ertastet und sich dabei viel zu schnell eine Meinung gebildet.

So ist es aber sehr oft im Leben:
Da, wo mehrere Menschen
das Gleiche betrachten,
sieht jeder etwas anderes.

Obwohl nun eigentlich jedem klar sein müsste, dass man von einer anderen Seite dieselben Dinge auch anders sieht, verleugnen viele von uns diese anderen Sichtweisen. Da sie selbst aber immer nur eine Teilansicht haben, erkennen sie niemals die ganze Wahrheit und konstruieren sich ihre eigene Welt.

Wie sieht es denn bei dir aus? Wie oft hast du schon ein wichtiges Detail übersehen, weil es einfach nicht in deine vorgefertigte Meinung gepasst hat? Wie oft hast du bereits eine Ansicht als unbrauchbar abgehakt, ohne überhaupt alles gehört zu haben, nur um am Ende festzustellen, dass die Sache sich ganz anders darstellt?

Ein Ninja musste in der Lage sein, jedweder Situation völlig wertfrei gegenüberzutreten. Er musste immer das große Ganze sehen und durfte sich niemals von jenen Details beeinflussen lassen, mit denen seine Gegner ihn zu täuschen versuchten.

Denn wer Dinge aus Prinzip
und ohne Überprüfung ablehnt,
der riskiert, dadurch
etwas Wesentliches zu übersehen.

Die gute Nachricht ist nun, dass jeder von uns mit der Fähigkeit auf die Welt kommt, selbst hochkomplexe Situationen intuitiv richtig einzuschätzen. Andernfalls hätte die Menschheit in Zeiten, in denen es noch keine ausgeklügelten Warnsysteme gab, wohl nicht überleben können.

Daher ist der häufigste Grund, aus dem wir falsche Entscheidungen treffen, auch nicht der, dass wir Unstimmigkeiten nicht bemerken. Vielmehr wollen wir sie nicht wahrhaben. Doch im Gegensatz zu den alten japanischen Kriegern arbeiten wir heute nicht mehr daran, die Fähigkeit zu trainieren, den Überblick auch dort zu behalten, wo ein anderer ihn uns zu nehmen sucht. Vielmehr konzentrieren wir uns oft auf Anweisung unseres Gegners auf völlig unwichtige Kleinigkeiten und werden so ein leichtes Opfer seiner Manipulation.

Du kannst dir das vorstellen, als würde ein Bekannter seine Argumente, mit denen er die Kritik an einem Zustand untermauert, durch das Zitieren eines Ausspruchs einer berühmten Persönlichkeit untermauern. »Freiheit«, so habe schon Rosa Luxemburg gesagt, »ist immer die Freiheit der Andersdenkenden.« Selbst wenn du bis dahin noch nicht sicher warst, was du von der Meinung dieses Bekannten halten sollst, bist du nun mehr auf seiner Seite. Wenn sogar eine derart berühmte Freiheitskämpferin seine Auffassung teilt, so denkst du, dann kann diese ja nicht so falsch sein.

Doch plötzlich liest du, dass das Zitat möglicherweise gar nicht von der angegebenen Person stammt! Halte bitte einen Moment inne und überlege dir, was dir nun durch den Kopf geht. Wenn mein Gegenüber nicht einmal die richtige Quelle des Zitates kennt, hat er es dann vielleicht selbst erfunden? Stimmt es aber dann vielleicht auch inhaltlich gar nicht?

Sofort ziehst du die Richtigkeit einer Aussage in Zweifel, die dir Minuten zuvor noch durchaus passend erschienen ist. Der

Gegner, dem die Ansichten deines Bekannten ein Dorn im Auge sind, weil sie sich gegen seine Pläne richten, hat sein Ziel erreicht. Obwohl niemand die Aussage generell bestreitet, ist die überzeugende Kraft des Zitates dahin.

Bereits vor über tausend Jahren mussten die Bewohner von Iga erfahren, dass kritisch denkende Menschen der Obrigkeit ein Dorn im Auge sind. Und obwohl heutige Staaten nur noch in wenigen Fällen mit Waffengewalt gegen Andersdenkende vorgehen, so haben sie dennoch Möglichkeiten gefunden, diese unschädlich zu machen. Sie bringen beispielsweise ihre Gegner dazu, sich auf ein völlig unwichtiges Detail zu fixieren, wodurch sie ihr Ziel aus den Augen verlieren. Weil sie nun die Situation aber nicht mehr in ihrer Gesamtheit überblicken, beginnen sie im besten Fall auch noch, mit ihren Verbündeten zu streiten.

Dabei würde es manchmal völlig reichen, einen Schritt zurückzutreten und die Situation aus der Distanz zu betrachten.

»Der Blick auf den Gegner im Gefecht«, so schreibt Miyamoto Musashi, »sei umfassend und offen.« Eine Technik, die den Ninja als der sogenannte »allumfassende Blick« bekannt war. Bis heute darf ein guter Kämpfer niemals seine Aufmerksamkeit auf eine Einzelheit fixieren. Vielmehr muss er immer versuchen, das gesamte Geschehen im Auge zu behalten. Wie aber soll das funktionieren? Können wir denn in einer Zeit, in der neue Informationen im Sekundentakt auf uns einprasseln, noch so etwas wie einen allumfassenden Blick behalten? Nötig jedenfalls wäre es.

Denn gerade bei Firmen, die im Bereich der digitalen Datenverarbeitung tätig sind, scheint die Angst vor informiert entscheidenden Kunden besonders groß zu sein. Das führt dazu, dass beispielsweise Unternehmen, die uns mit ihren Geräten nach Möglichkeit bis ins eigene Heim unterstützen wollen, uns offen über ihre wahren Absichten belügen. Warum sonst sagt man uns nicht einfach, dass es zum Geschäftsmodell dieser Firmen gehört, ihre Kunden, aber auch deren unbeteiligte Freunde und Bekannte auszuspionieren und jede ihrer Handlungen zu verfolgen und auszuwerten? Mehr denn je ist heutzutage Wissen gleich Macht. Hier aber wird uns klar: Das alles funktioniert am Ende nur deshalb, weil uns, den Kunden, genau diese Macht der Übersicht fehlt.

Warum sonst würden wir so fest daran glauben, dass wir nichts zu verbergen haben? Weshalb ignorieren wir, dass die Unternehmen durch die Beobachtung unseres Handelns nicht nur bares Geld verdienen, sondern auch die Kontrolle über jeden unserer Schritte erlangen? Meiner Meinung nach liegt es daran, dass uns die Gegner nicht mehr persönlich bekannt sind. Wer würde, von einer fremden Person auf der Straße dazu aufgefordert, das eigene Mobiltelefon entsperren, damit ein Mitarbeiter einer privaten Firma die persönlichen Nachrichten lesen könnte? Niemand. Weil uns die Angreifer heute aber nicht mehr Aug in Aug gegenüberstehen, lassen wir ihnen vieles durchgehen. Anstatt den Angriff zumindest zu parieren, verstärken wir ihn noch durch unsere Weigerung zu akzeptieren, dass es sich bei unserem Gegenüber um einen Gegner handelt.

Warum aber, so magst du dich jetzt fragen, ist das alles überhaupt möglich? Wie gelingt es den Angreifern zu verhindern, dass wir, die Opfer, begreifen, was da abgeht? Weil unsere Gegner einen sehr mächtigen Verbündeten haben: uns selbst mit unserem blinden Glauben an die Idee, dass es einen »Staat« gibt, der dazu da ist, uns zu beschützen.

Wären die Dinge tatsächlich so schlimm und gefährlich, so reden wir uns ein, wären sie doch schon lange gesetzlich verboten. Doch bereits vor tausend Jahren mussten die Bewohner von Iga am eigenen Leib erfahren, dass eben dieser Staat nicht immer auf der Seite der Bürger steht. Vielmehr, so zeigt die Geschichte, geht die Obrigkeit oft gezielt gegen jene vor, die ihr gefährlich werden können. Würde der Staat nämlich tatsächlich so sehr auf unsere körperliche Unversehrtheit achten, wie Politiker nicht müde werden zu betonen, dann wäre manch krankmachende Chemie verboten, die immer mehr Firmen dem Essen zusetzen. Und wieso wird nichts gegen die vorsätzliche Verschmutzung von Wasser und Luft getan, an der jährlich Millionen Menschen sterben?

Anstatt die Dinge aber so zu sehen, wie sie sind, und entsprechend zu handeln, wiegen sich viele lieber in der trügerischen Sicherheit, dass schon alles irgendwie werden wird.

Das geheime Wissen von der Übersicht lehrt uns, unsere Sinne zu schärfen. Wie schon im vorigen Kapitel geschrieben bedeutet das nicht, dass wir in allem einen konkreten Angriff sehen sollen. Das würde uns nur nervös und irgendwann paranoid machen. Vielmehr geht es darum, aufmerksam zu bleiben und zu verstehen, dass der Gegner nicht schläft. Damit wir die Angriffe dort, wo sie tatsächlich stattfinden, nicht verharmlosen.

Ein Ninja, der sich in einer Situation befand, die in einem Kampf enden konnte, nahm eine Haltung ein, die man Shizenno Kamae, auf Deutsch »natürliche Stellung« nennt. Wie ein Baum war er dabei mit beiden Füßen in der Erde verwurzelt. Selbstsicher, unerschütterlich und durch nichts aus der Ruhe zu bringen und doch in jedem Augenblick bereit, auf einen möglichen Angriff zu reagieren. Obwohl er aus dieser Stellung heraus auf jede Art von Attacke reagieren konnte, fühlte er sich gleichzeitig niemals gezwungen, es zu tun. Schließlich ist es eines der wichtigsten Prinzipien der Kampfkunst, den Gegner zu ermüden, indem man ihn wieder und wieder Energie für völlig nutzlose Abwehrbewegungen verschwenden lässt.

Ein Ninja aber ließ das Geschehen
wie ein neutraler Beobachter
an sich vorbeiziehen, während er gleichzeitig
in jeder Sekunde bereit war, einzugreifen.

Wie ein General, so lehrt uns das geheime Wissen von der Übersicht, müssen wir lernen, die Dinge aus der Distanz zu beobachten. Sobald wir uns von unseren Gegnern in einen Nahkampf verstricken lassen, werden wir sonst auf dem Schlachtfeld fallen wie ein Soldat, der einzig seinen kleinen Ausschnitt der Welt sieht.

ÜBUNGEN

Womit kann man dich am leichtesten provozieren?

Wann hast du das letzte Mal erkennen müssen, dass die Dinge ganz anders lagen, als du gedacht hast?

Wie können wir verhindern, etwas zu übersehen?

Warum verliert man in einer emotionalen Situation die Übersicht?

Woran kann man Falschinformationen erkennen?

Wie würdest du einem Gegner die Übersicht nehmen?

Niemand rettet uns, außer wir selbst.
Niemand kann und niemand darf das.
Wir müssen selbst den Weg gehen.

(Buddha)

3

Das geheime Wissen vom Selbstvertrauen

Lerne, dass alles möglich ist, woran du glaubst

In dem Augenblick,
in dem du dich entscheidest,
erleuchtet zu werden,
bist du es bereits.
(aus dem Hagakure)

Selbst nach den vielen Jahren, die ich mich mittlerweile mit fernöstlicher Kampfkunst beschäftige, wundere ich mich noch immer darüber, welches Niveau manche Menschen darin erreichen können. Das gilt ganz besonders für die alten Meister aus Asien, die mir in dieser Hinsicht oft erscheinen »wie von einem anderen Stern«. Selbst die kompliziertesten Bewegungen sehen bei ihnen meist einfacher aus als die leichtesten Bewegungen bei mir selbst.

Vergleicht man sich aber mit den wahren Meistern, so bekommt man schnell das Gefühl, diese Menschen wären mit ihrem Können bereits auf die Welt gekommen. Was ihnen und ihrem lebenslangen Training natürlich Unrecht tut. Zwar ist es ein Privileg, in einen der Clans hineingeboren zu werden, innerhalb derer die Ninja jahrhundertelang ihr geheimes Wissen weitergaben und das vermutlich bis heute tun.

Doch allein durch das Vorrecht der Geburt
wird aus einem hilflosen Baby
noch lange kein gefürchteter Kämpfer.

Vielmehr mussten angehende Shinobi, wie die Ninja auch genannt wurden, neben jahrelangem, teilweise unvorstellbar hartem Training schon früh eine der wichtigsten Fähigkeiten entwickeln, die Menschen zum Sieg in einem Kampf benötigen: die Bereitschaft, an ihr außerordentliches Können auch zu glauben. Was nämlich nützen den im Kampf Geschulten die herausragendsten Kenntnisse, wenn sie gleichzeitig tief in ihrem Inneren von ihrem Versagen überzeugt sind? Angeleitet durch die Ältesten und ihre Eltern, wuchsen die Schattenkämpfer bereits von klein auf in dem Bewusstsein auf, dass die Ninja für ein freies, selbstbestimmtes Leben standen, das es wert war, im Notfall mit Gewalt verteidigt zu werden. Ein Selbstverständnis, das übrigens im Gegensatz zu dem der Samurai stand, über deren Schicksal immer ein anderer bestimmte.

Hinzu kam, dass die Shinobi im Ernstfall auf sich allein gestellt waren. Gerade dann, wenn ein Einzelkämpfer Entscheidungen über Leben und Tod treffen muss, ist niemand da, mit dem er sich beratschlagen könnte.

Versetze dich einmal kurz in diese Situation und überlege dir, über welch unvorstellbare innere Kraft so ein Mensch verfügen muss! Wie oft bittest du schon jemanden bei der Frage um Hilfe, ob du für eine Firmenfeier das weiße oder das hellblaue Oberteil anziehen sollst? Wie erst muss es nun sein, allein eine Entscheidung zu treffen, von der im Ernstfall die gesamte Existenz abhängt? Das eigene Überleben oder auch das der geliebten Angehörigen?

Viel hätte den Shinobi diese Rücksprache jedoch ohnehin nicht geholfen. Wer hätte einem Schattenkämpfer denn sagen wollen, was richtig oder falsch ist? Schließlich kannte immer nur der einzelne Kämpfende die gesamte Lage und die mit dieser verbundenen Herausforderungen.

War ein Ninja in einen Kampf verstrickt, so lag die einzige Möglichkeit, heil aus der Situation herauszukommen, in der Bereitschaft, bedingungslos auf die eigenen Fähigkeiten zu vertrauen, ohne dabei auf die Bestätigung durch andere Menschen angewiesen zu sein. Eine Anforderung, die zuerst einmal ziemlich schwierig klingt, auch wenn sie es mit der richtigen Denkweise gar nicht ist.

Um diese geistige Einstellung zu erreichen, machst du dir am besten in einem ersten Schritt klar, dass alle Kraft ausnahmslos von innen kommt. Sehr eindrucksvoll kann man das an der Tatsache sehen, dass selbst der stärkste Mensch der Welt keinerlei Möglichkeit hat, diese Stärke mit einem anderen Wesen zu teilen. Weder kann er nämlich einer schwächelnden Blume beim Wachsen helfen noch einen Menschen für immer am Leben erhalten.

Wenn wir nun aber niemandem
Kraft geben können,
dann können wir sie umgekehrt
auch niemandem nehmen.

So kann unser Umfeld uns natürlich dazu bringen, uns stärker oder eben schwächer zu fühlen. Selbst wenn das aber nun den Eindruck erweckt, andere Menschen würden über unsere Kraft bestimmen, sind wir selbst aber die Einzigen, die das tun können.

Ein Außenstehender kann uns
ohne unser Zutun
weder Kraft geben noch nehmen.

Dennoch ist es eine unbestreitbare Tatsache, dass sehr viele Menschen ihr persönliches Potenzial nicht von den eigenen Gefühlen, sondern vielmehr von der Meinung anderer Menschen abhängig machen. Warum aber tun sie das?

Weil wir, so die einfache Antwort, es so gelernt haben. Schon in der Schule stand nicht die Frage im Vordergrund, ob das, was wir tun, richtig oder gut ist. Vielmehr wurden wir nach unserer Bereitschaft bewertet, die von den Lehrern vorgegebenen Lösungswege nachzuahmen.

Sehr oft in unserem Leben gab es Menschen, die sich ungefragt in die Position stellten, unser Wissen und unser Handeln zu beurteilen. Da nun in der Schule schlechte Noten durchaus handfeste Konsequenzen wie den Verlust von Lebenszeit mit sich bringen konnten, haben wir uns diesem Mechanismus gebeugt. Gut war von nun an das, was die Anderen für gut befanden.

Bestimmt fragst du dich, wie nun Menschen, deren Selbstvertrauen davon abhängt, dass sie von anderen gelobt werden, in der Lage sein können, kritisch zu denken und die Dinge zu hinterfragen?

> Wer als Kind gelernt hat,
> kritiklos zu anderen Menschen aufzuschauen,
> weil er dafür Zuwendung bekommt,
> der wird das als Erwachsener genauso tun.

Wie aber kann es nun unter solchen Umständen gelingen, sich selbst und den eigenen Fähigkeiten auch dort zu vertrauen, wo die Gegner versuchen, dieses Selbstvertrauen zu untergraben? Die Antwort darauf gaben schon vor dreihundert Jahren die Samurai. Auch wenn sich deren Ansichten in vielen Punkten von jenen der Ninja unterschieden, wussten die Shinobi ihr

Wissen durchaus zu schätzen. So heißt es in ihrem berühmten Ehrenkodex, dem »Hagakure«, dass sich ein Krieger selbst unnötigerweise für wertlos hält, wenn er einen wirklich vollendeten Mann ansieht und dabei denkt, dass er niemals so gut sein könne. »Doch ein wahrhaft vollendeter Mann«, so schreibt der Verfasser, »ist ein menschliches Wesen; das Gleiche gilt für dich. In dem Moment, in dem du dich entscheidest, ihm nicht unterlegen zu sein, und neue Taten in Angriff nimmst, hast du die Essenz dieser Angelegenheit bereits begriffen.« Man wird ein großer Mensch, so die Essenz dieser Erkenntnis, weil man die Entscheidung trifft, einer zu werden, und dann hart daran arbeitet.

Wir sind immer genauso groß,
wie wir selbst es uns zugestehen.

Nun können wir aber die Entscheidung, zu einem großen Menschen zu werden, ausschließlich allein treffen. Eine Tatsache, die auch für die Ninja galt. Selbst wenn sie in eine Gruppe gleichgesinnter Menschen eingebettet lebten, die sie auf ihrem Weg förderten, konnten am Ende nur sie selbst über diesen bestimmen. Um wie vieles mehr gilt diese Wahrheit nun für uns, die wir nicht einmal mehr auf eine vergleichbare Unterstützung zurückgreifen können! Fragen wir nämlich andere danach, in welche Richtung wir uns am besten entwickeln sollten, so besteht immer die Gefahr, dass diese Menschen versuchen, uns zu ihrem eigenen Vorteil zu beeinflussen. Erinnerst du dich noch, dass ich im ersten Kapitel geschrieben habe, dass es nicht jeder mit uns gut meint?

In einer Welt, in der viele Menschen ihr Umfeld kleinhalten wollen, um sich selbst groß zu fühlen, haben diese keine Motivation, uns zu stärken.

Dazu kommt, dass überall dort, wo wir einem Menschen vertrauen, die Gefahr besteht, dass dieser andere unser Vertrauen missbraucht und uns verrät. Schließlich ist die unbedingte Voraussetzung für Verrat das Vertrauen in eine falsche Person. Wenn ich nicht weiß, wo sich jemand aufhält, dann kann ich das schwerlich seinen Gegnern erzählen. Und wenn ich die Sorgen meines Gegenübers nicht kenne, kann ich ihn nicht mit diesen manipulieren. Daher werden wir am häufigsten von genau jenen Menschen verraten, denen wir am meisten vertrauen: den Autoritäten in unserem engsten Umfeld.

Gerade sie machen sich, manchmal ohne es wirklich zu verstehen, zum willigen Werkzeug all jener, denen starke, von sich überzeugte Menschen nicht ins Konzept passen.

Deshalb werden wir oft schon als junge Menschen durch die ständige Wiederholung demütigender Phrasen wie »Eigenlob stinkt« oder »Gerade auf dich hat die Welt gewartet!« gezielt dazu gebracht, den Glauben an uns selbst zu verlieren.

Selbstbewusste, unabhängige Menschen, die auf ihre eigene Meinung vertrauen, sind nämlich niemals im Sinne derjenigen, die über das Leben anderer bestimmen wollen.

Wenn du nun verstehst, dass dich nicht äußere Umstände schwächen, sondern du dir selbst mit deiner Reaktion auf diese äußeren Umstände die Kraft nimmst, hast du bereits ein großes Stück auf dem Weg zu mehr Selbstvertrauen zurückgelegt.

Das geheime Wissen der Ninja lehrt uns aber noch mehr.

Selbstvertrauen, so wussten schon
die japanischen Elitekämpfer,
beginnt mit Selbstbewusstsein.

Auch wenn diese beiden Worte häufig gleichwertig verwendet werden, haben sie als Begrifflichkeiten nur wenig miteinander zu tun.

Selbstbewusstsein bedeutet nämlich, so viel
als möglich über sich selbst in Erfahrung zu bringen.
Es meint, die eigenen Schwächen zu erkennen,
aber vielmehr noch die eigenen Stärken zu sehen.

Hast du beispielsweise schon einmal darüber nachgedacht, warum andere Menschen deine Gegenwart suchen? Warum ihnen deine Meinung zu einer ihrer Entscheidungen wichtig ist? Wie ungeheuer stark dein Einfluss auf dein Umfeld tatsächlich ist? Auch wenn es so klingen mag, hat Selbstbewusstsein nichts mit Selbstbeweihräucherung zu tun. Es geht nicht darum, dich ständig selbst zu loben.

Vielmehr solltest du lernen, dich mit den objektiven Augen eines Außenstehenden zu sehen.

Das Ziel ist nicht, dass du deine tatsächlichen Fähigkeiten derart überschätzt, dass dir das irgendwann zum Verhängnis wird. Sondern es geht einfach darum, so viel über dich selbst zu erfahren, dass du dir im Idealfall in jeder Situation vollkommen vertrauen kannst.

Auch wenn am Ende all deine Kraft nur von innen kommt, ist es nicht zu bestreiten, dass ein geschickter Gegner auch deine innere Kraft durchaus gezielt in eine von ihm gewollte Richtung lenken kann. Wie viele Menschen haben schließlich das Vertrauen in sich total verloren, weil man ihnen als Kinder oft genug gesagt hat, dass sie nichts wert sind?

Die gute Nachricht ist nun, dass vieles, was in die eine Richtung möglich ist, auch in der Gegenrichtung funktioniert. So haben die jungen Ninja wohl einen Teil ihres Selbstvertrauens aus der Tatsache geschöpft, dass sie täglich bei den Großen sehen konnten, was möglich ist. Schließlich hat alles, was wir oft sehen oder hören, eine gravierende Auswirkung auf unser Gehirn und damit auf unsere Wahrnehmung und damit auch auf unsere Selbstwahrnehmung.

Unser Denkorgan hat nämlich keinerlei Zugang zu so abstrakten Dingen wie »Wahrheit« oder »Richtigkeit«. Wenn du auf die Frage »Wie viel ist zwei mal zwei?« spontan mit »vier« antwortest, dann nicht, weil du von der Richtigkeit dieser Antwort überzeugt bist. Schließlich handelt es sich ja um eine reine Definitionssache, die irgendwann jemand festgelegt hat. Genau genommen könnte das Ergebnis von »zwei mal zwei« auch »neun« lauten, wenn wir unser Sprachverständnis der Zahlen ändern. Und genauso könnte »sechs« herauskommen, wenn wir »drei mit drei« multiplizieren.

Was jetzt vielleicht nach Haarspalterei klingt, hat größere Auswirkungen auf deine Persönlichkeit, als es auf den ersten Blick scheint. Das Gehirn prüft Informationen nämlich nicht auf Korrektheit, bevor es diese als Tatsachen ablegt. Vielmehr bleiben sie so lange gespeichert, bis sie von neuen Erkenntnissen überschrieben werden. Das gilt nun für mathematische Belange genauso wie für das, was du über dich selbst denkst.

Die gute Nachricht ist, dass wir alles, was unser Gehirn als vermeintliche Fakten gespeichert hat, wieder verändern können. Auch wenn es oft einen erstaunlich großen Aufwand bedeutet, ist es zumindest möglich. So ist es dir mit Sicherheit schon einmal passiert, dass du dir etwas falsch eingeprägt hast. Besonders häufig passiert das, wenn wir eine Sprache lernen und niemanden haben, der uns rechtzeitig korrigiert. Hunderte Male verwenden wir eine grammatikalisch falsche Form, die uns dadurch zur Selbstverständlichkeit wird. Bis uns plötzlich jemand auf den Fehler hinweist.

Versetze dich bitte einmal in eine Situation, in der dir so etwas passiert ist. Weißt du noch, wie schwer es dir gefallen ist, diesen Fehler auszukorrigieren? Wie oft hast du dich selbst dabei ertappt, ihn wieder und wieder zu machen, bis dir irgendwann die richtige Satzform selbstverständlich geworden ist?

Bestimmt erinnerst du dich genauso an deinen Stolz, als du irgendwann lächelnd an den schon lange ausgemerzten Fehler zurückgedacht hast?

Auch wenn es nicht immer leicht ist, so können wir jedwede Information in unserem Gehirn ersetzen, die uns davon abhält, an uns selbst zu glauben.

Um an uns glauben zu lernen, müssen wir nur oft genug jene Dinge denken, die uns stärken.

Eine Übung, die sich in jeder Hinsicht bezahlt macht, egal wie lange es dauert, bis wir sie beherrschen. Nicht nur sind wir nämlich das, was wir über uns selbst glauben, wir strahlen es auch nach außen aus.

So erzählte der indische Gelehrte Osho einmal die Geschichte von David Hume. Obwohl der schottische Philosoph ein bekennender Atheist war, ging er dennoch jeden Sonntag in die Kirche, um dort die Predigt eines gewissen John Brown zu hören, der von der Existenz Gottes tief überzeugt war. Als Hume eines Tages gefragt wurde, wieso er eigentlich entgegen seiner Prinzipien zur Kirche gehe, antwortete er lachend: »Ich glaube John Brown zwar kein Wort, aber John Brown glaubt John Brown jedes Wort. Also lasse ich es mir nicht nehmen, zumindest einmal pro Woche einen Menschen zu hören, der absolut an sich selbst glaubt.«

Oft habe ich mich in diesem Zusammenhang gefragt, was eigentlich jemanden auszeichnet, der den Lauf der Geschichte beeinflusst. Vereinfacht gesagt ist es wohl allein seine Fähigkeit, daran zu glauben, dass es möglich ist.

Umgekehrt sind Menschen, denen dieses Vertrauen in die eigenen Fähigkeiten fehlt, meist fest davon überzeugt, dass lediglich eine große Menschenmenge etwas verändern kann. Zigtausende Menschen, wenn nicht Millionen oder gar Abermillionen wären dazu nötig. Was bitte, so fragt sich so jemand, soll ein Einzelner schon ausrichten können?

Lass mich die Frage einmal andersherum stellen. Wenn heute ein Volk einem anderen den Krieg erklärt, wie viele Personen unterschreiben diese Kriegserklärung dann? Wirklich jeder einzelne Bürger? Zumindest eine Person pro Haushalt oder Familie? Oder wird die Kriegserklärung genauso wie der Friedensvertrag am Ende der Kampfhandlungen lediglich von zwei Menschen in der Funktion der Präsidenten der beiden Länder unterzeichnet?

> Selbst wenn wir aus Bequemlichkeit
> gerne etwas anderes glauben möchten,
> es sind immer einzelne Menschen,
> die entscheiden, wie die Welt sich entwickelt.

Wie auch die Ninja wurde aber keiner von ihnen mit übermenschlichen Fähigkeiten geboren. Was sie tatsächlich vereint, ist der unbedingte Glaube an die eigene Kraft.

Der Philosoph Charles F. Haanel hat das einmal mit dem Satz auf den Punkt gebracht: »Das wirkliche Geheimnis von Macht ist das Bewusstsein von Macht.« Bitte frage dich einmal Folgendes: Wenn jeder einzelne Mensch in der Lage ist, die Welt zum Guten zu verändern, warum solltest ausgerechnet du es dann nicht können? Weil du dich nicht in einer Position siehst, in der du Friedensverträge oder sonstige Maßnahmen unterzeichnest? Aber wieso nicht? Was hält dich denn davon ab?

Da du, so antwortest du jetzt vielleicht, nicht über die dafür nötigen Fähigkeiten verfügst. Hast du dir aber schon einmal ernsthaft Gedanken darüber gemacht, welche Kenntnisse es dazu tatsächlich braucht?

Blickt man zurück, so waren unter jenen Menschen, die später Geschichte schreiben sollten, alle Berufsgruppen vertreten. Vom Priester über den Rechtsanwalt, vom Bühnenmaler und Schuhmacher bis hin zum Augenarzt. Zugegeben, nicht jeder von ihnen hat die Welt zwingend zum Besseren verändert, aber das hindert dich ja nicht daran, es zu tun.

> Das geheime Wissen vom Selbstvertrauen
> lehrt uns, unsere Aufmerksamkeit,
> wo immer möglich, auf das zu fokussieren,
> was funktioniert.

Unser Gehirn hält nämlich jene Dinge für wahr, die wir oft genug gedacht haben. Wenn du dich also ständig mit dem beschäftigst, was du nicht kannst, dann wird dieses Nicht-Können sehr bald deine Wirklichkeit werden. Du hast nämlich nur dann Selbstvertrauen und Kraft, wenn du auch daran glaubst, dass du etwas ändern kannst.

Genau diese Kraft versuchen nun deine Gegner dir, wo immer möglich, zu nehmen, indem sie versuchen, deine Aufmerksamkeit auf das zu lenken, wo du versagt hast. Verstehe mich jetzt bitte richtig: Es geht hier nicht darum, dir selbst einzureden, dass du zu den Besten gehörst, obwohl dir völlig klar ist, dass du nichts dafür getan hast, es auch wirklich zu sein. Diese Art der Selbstüberschätzung konnte auch für einen Ninja genauso tödlich sein wie mangelndes Selbstvertrauen. Es geht vielmehr darum, dich selbst zu kennen. In seinem Buch »Die Kunst des Krieges« schreibt der chinesische General Sunzi: »Wenn du den Feind und dich selbst kennst, brauchst du den Ausgang von hundert Schlachten nicht zu fürchten.«

Was aber bedeutet das in der Praxis für uns? Wenn wir uns selbst kennen, dann sollten wir uns vor allem auch jener Punkte bewusst sein, an denen ein geschickter Gegner uns packen und unseren Glauben an uns selbst erschüttern kann. Schließlich werden in der heutigen Zeit Kämpfe nicht mehr mit Schwertern oder Fäusten ausgeführt. Vielmehr versuchen unsere Gegner, uns mit Worten so stark zu verletzen, dass wir uns geschlagen geben und das Feld räumen. Sind wir aber auf diese Art von Attacken, die häufig auf das Bildungsniveau, die soziale Herkunft oder körperliche Merkmale abzielen, entsprechend vorbereitet, können wir sie leicht abwehren.

Im besten Fall nehmen wir dem Angriff die Kraft, indem wir so tun, als hätte er überhaupt nicht stattgefunden.

Trifft uns ein solcher Anschlag auf unser Selbstvertrauen aber unvorbereitet, kann er uns ganz schön aus dem Tritt bringen. Was können wir dann konkret dagegen tun?

Das geheime Wissen der Ninja lehrt uns, dass Selbstvertrauen auch bedeutet, jene Dinge an uns anzunehmen, die wir zwar nicht mögen, aber für den Moment nicht ändern können. Dabei genügt es aber nicht, diese Umstände nur zu akzeptieren. Vielmehr müssen wir wieder und wieder im Geiste die Möglichkeit durchspielen, dass ein anderer uns an genau diesen Unzulänglichkeiten angreift.

Mache dir bitte eine ehrliche Liste mit all jenen Punkten, an denen du angreifbar bist. Notiere jeden einzelnen und lasse nichts aus, auch wenn es dir unangenehm ist. Dann stelle dir vor, dass dich ein Gegner mitten in einer Diskussion völlig aus dem Nichts an einem dieser Punkte attackiert. Anfangs wirst du feststellen, dass dich allein die Vorstellung emotional aus dem Gleichgewicht bringt, etwa weil dich jemand ob deiner großen Nase, deiner armseligen Kleidung oder deiner politischen Ansichten verlacht. Lass dich in deiner Vorstellung nicht in solche Kämpfe verstricken. Stelle dir vielmehr immer wieder vor, dass es dir gleichgültig ist, was andere über dich denken. Fühle, wie die geäußerte Kritik einfach an dir abprallt und gar nicht bis in dein Bewusstsein gelangt.

Nach und nach wirst du bemerken, dass deine Reaktionen immer weniger heftig werden und du selbst bei der Vorstellung der unfairsten Angriffe völlig gelassen beim Thema bleibst. Wenn du das nächste Mal real in eine solche Situation kommst, wirst du erstaunt feststellen, dass deine Nicht-Reaktion auf diesen Angriff vor allem deinen Gegner aus dem Tritt bringt.

Am Ende bedeutet Selbstvertrauen, dass allein wir die Kontrolle darüber haben, wann wir handeln und wann eben nicht. Wir tun Dinge, weil wir sie tun wollen und nicht als Reaktion auf einen Angriff unserer Gegner. Sobald wir gelernt haben, uns selbst und unserer eigenen Kraft bedingungslos zu vertrauen, schwindet jede Angst. Dann aber können wir uns auch daran machen, uns und die Welt zu retten. Etwas, das ohnehin kein anderer kann, solange nicht wir selbst es tun.

ÜBUNGEN

Mit welchem Glaubenssatz schwächst du dich am meisten?

Woher weißt du, ob du dein Potenzial wirklich ausschöpfst?

Was ist dein heikelster Angriffspunkt?

Warum stellst du andere Menschen über dich?

Worin besteht der Unterschied zwischen Angst und Respekt?

Woran erkennst du einen übermächtigen Gegner?

An einen hohen Baum
kann der Wind leicht heran.

(aus Japan)

4

Das geheime Wissen vom Sich-Zurücknehmen

Lerne, niemals etwas allein der Anerkennung wegen zu tun

Wer tänzelnd einherstolziert,
der tut es nur für die Leute.
(aus China)

Wer heute an die Ninja denkt, hat meist das Bild einer geheimnisvollen, komplett in schwarze Kleidung gehüllten Person vor sich. Das Gesicht bis auf einen kleinen Sehschlitz von einer Kapuze bedeckt, nähert sich diese mit einem Schwert auf dem Rücken dem nichts ahnenden Opfer. Ein erschreckender Anblick, der die meisten von uns wohl umgehend in die Flucht treiben würde. Doch so sehr dieses in Büchern und Filmen beschriebene Bild unsere Vorstellung von den mysteriösen Schattenkämpfern auch geprägt haben mag, so unklar ist gleichzeitig, inwieweit es stimmt.

Nun kann man es natürlich als durchaus wahrscheinlich betrachten, dass sich ein Kämpfer, der nachts in eine Festung eindringt, mittels schwarzer Kleidung tarnt. Doch die allgemeine Vorstellung, dass die Ninja dieses Gewand im Alltag trugen wie Soldaten ihre Uniform, ist mit ziemlicher Gewissheit falsch. Ganz im Gegenteil stellte diese Bekleidung, so einschüchternd sie auf einen Gegner auch wirken mochte, eher die Ausnahme denn die Regel dar. Doch nicht nur über die Kleidung, welche die Schattenkämpfer trugen, ist heute sehr wenig bekannt. Denn bis auf ganz wenige Ausnahmen haben diejenigen, die damals dabei waren, ihr Wissen mit ins Grab genommen. Ninja hatten nämlich ganz grundsätzlich kein Interesse daran, als solche erkannt zu werden.

Das lag vor allem daran, dass sich auch die einst friedvollen Bewohner von Iga im Laufe der Zeit weiterentwickelt hatten. Unter dem Druck der ständigen Angriffe kaiserlicher Truppen perfektionierten sie nicht nur ihre Kampfkünste, sondern brachten vor allem die bis dahin weitgehend unbekannte Fähigkeit der professionellen Spionage hervor. Die Großfamilien organisierten sich in Clans, denen wiederum ein meist männlicher Krieger, der sogenannte Jonin vorstand. Dieser lenkte als eine Art Oberbefehlshaber die Geschicke seiner Gefolgsleute. Damit er in seinen Entscheidungen möglichst frei war und nicht von den Interessen der eigenen Leute unter Druck gesetzt werden konnte, war seine Identität meist nur jenen bekannt, die ihre Anweisungen direkt von oberster Stelle erhielten.

Nun erkannten die Jonins ihrerseits recht bald, dass sich ein Kampf am effizientesten dort vermeiden lässt, wo man die Absichten des Feindes bereits kennt, bevor dieser angreift. Die Ninja begannen daher, ihre Kenntnisse auf dem Gebiet des Ausspähens zu perfektionieren. Hierbei kam ihnen ihre über die Jahrhunderte vervollkommnete Fähigkeit zugute, völlig eins mit der sie umgebenden Natur zu werden. Dieses Wissen brachte sie als Spione nämlich in die Lage, für ihre Gegner unsichtbar zu werden.

Natürlich blieb die Entscheidung, die Krieger auch in der Spionage auszubilden, nicht ohne Folgen. Bald erfuhren japanische Kriegsherren von den herausragenden militärischen Kenntnissen der Schattenkämpfer und begannen, sie als Söldner in ihre Dienste zu nehmen. Die einstigen Mystiker entfernten sich mehr und mehr von ihren ursprünglichen Idealen. Schon bald waren die Nachfahren der Familien von Iga als unbeugsame, zu allem entschlossene Krieger gefürchtet. Gleichzeitig wurde es aber auch für sie selbst immer gefährlicher, entdeckt oder gar enttarnt zu werden. Das Ende eines Ninja, der in die Hände seiner Feinde geriet, war meistens fürchterlich.

Um dem zu entgehen, entwickelten die Elite-Krieger ein Prinzip, das sie »Shino«, »Verbergen«, nannten, und wurden dadurch selbst zu »Shinobi«, was auf Japanisch so viel wie »der Verborgene« bedeutet.

Um dieses Ziel der absoluten Verborgenheit zu erreichen, musste bereits ein junger Ninja lernen, sich selbst und vor allem seinen Geltungsdrang zurückzunehmen. Dazu gehörte es, sich, wo auch immer die Situation es verlangte, kleiner zu machen, als man tatsächlich war. »Wo das Dach niedrig ist«, so sagt man in Asien, »dort geht ein Weiser nicht anders als gebeugten Hauptes.«

Aus den gleichen Gründen verzichteten die Shinobi wohl auch auf das Tragen jedweder Art von Uniform.

Selbst wenn die legendäre schwarze Bekleidung die Ninja schon von weitem als Angehörige einer über die Landesgrenzen hinaus berühmten Einheit ausgewiesen hätte, verzichteten sie auf diese, wo immer der Gegner sie sehen konnte. Vielmehr gaben sie sich als Mitglieder anderer Berufsgruppen, als Mönche oder häufig sogar als Bettler aus.

Gleichwohl allein die Erkenntnis, einem Ninja gegenüberzustehen, die meisten Gegner in die Flucht geschlagen hätte, sahen die Kämpfer auch bei einer Konfrontation möglichst davon ab, sich als solche zu erkennen zu geben. Schließlich hätte die Aufgabe der Deckung mit dem alleinigen Ziel, andere zu beeindrucken, ihren sicheren Tod bedeutet. Statt einen Angreifer nach allen Regeln der Kunst zu verprügeln, lenkten sie ihn ab und ergriffen schnellstmöglich die Flucht.

Doch obwohl uns die angeborene Fähigkeit, uns zurückzunehmen, unser Überleben sichern soll wie einem Tier, das sich vor seinen Feinden tarnt, beginnen wir diese nach und nach zu verlieren. Vielleicht wenig verwunderlich in einer Zeit, in der ganze Industriezweige von der Selbstdarstellung ihrer Kunden leben, aber dennoch bedenklich. Schließlich sind wir, wie im zweiten Kapitel beschrieben, heute mehr denn je von der Zuwendung anderer Menschen abhängig.

> Nur aber wenn wir im Verborgenen handeln, bleiben unsere wahren Fähigkeiten für andere unsichtbar.

Du kannst dir das vorstellen, als hättest du ein Buch geschrieben, in welchem du schwerste Verfehlungen internationaler Politiker aufzeigst. Erwartungsgemäß wurde das Werk gleich nach Erscheinen ein Weltbestseller. Da du es aber, um dich vor etwaigen Anfeindungen zu schützen, unter einem Künstlernamen veröffentlicht hast, wissen nicht einmal deine besten Freunde, dass du der Verfasser bist. Nehmen wir nun an, es käme das Gerücht auf, der Autor wäre eine dir unbekannte Person, die auf einem anderen Kontinent lebt. Der oder die Betreffende wird in allen Medien zitiert, ist Gast in den bedeutendsten Talkshows und generell in aller Munde. Wenn dir nun ein guter Freund eines Tages voller Begeisterung erzählte, wie sehr er den Schöpfer dieses Werkes bewundere, wie reagierst du dann? Stimmst du tatsächlich in die Lobeshymnen auf jene Person ein, die mit dem Buch überhaupt nichts zu tun hat, und erklärst, dass du selbst niemals in der Lage wärst, etwas auch nur annähernd so Gutes zu verfassen? Oder wärst du versucht, klarzustellen, dass du das Gesicht hinter dem Buch bist, und würdest für den Moment vergessen, dass du, einmal als Autor enttarnt, dein ganzes Leben umstellen müsstest?

Diese Fähigkeit des Sich-Zurücknehmens unterschied die Ninja von ihren Gegenspielern. Den Samurai gebot nämlich ihr

Verständnis von Ehre, im Kampf alles so offen und sichtbar wie möglich zu machen. Jeder sollte sehen können, wer hier mit Todesverachtung in die Schlacht zog oder wem es gelang, eine scheinbar unüberwindliche Burgmauer zu bezwingen. Das ging so weit, dass ein Samurai auf dem Rücken eine Flagge trug, mittels derer er identifiziert werden konnte. War der Kämpfer in eine gegnerische Burg eingedrungen, versuchte er, einen ihm würdigen Gegner zu finden, um diesem in einem heroischen Zweikampf möglichst vor aller Augen den Kopf abzuschlagen. Mit dieser Trophäe im Gepäck kehrte der Samurai zu seinem Fürsten zurück, der den Gefolgsmann für seine Treue belohnte.

Derjenige, der mit seiner Arbeit im Hintergrund diesen Erfolg erst möglich gemacht hatte, war zu diesem Zeitpunkt aber längst über alle Berge. Die Ninja wirkten im Stillen, getreu einer alten asiatischen Weisheit:

Ein Baum, der fällt, macht mehr Krach
als ein Wald, der wächst.

Denn so hilfreich die Shinobi den Samurai durch ihre außergewöhnlichen Fähigkeiten auch waren, verachteten die ehrbaren Krieger sie dennoch für ihre heimtückische Kriegsführung. Wollten die Schattenkämpfer überleben, so lautete das ungeschriebene Gesetz, dann durften sie sich niemals mit ihren Taten schmücken, gleichgültig, wie sehr ihre Gegner auch auf sie angewiesen waren. So lernten die Ninja schon als Kinder, dass gerade die Besten nicht gesehen werden durften. Sonst hatten sie vielleicht einen einzigen Erfolg, aber nie wieder einen zweiten und all das in den vielen Jahren erworbene Wissen wäre auf einen einzigen Schlag verloren.

Die Shinobi verfolgten daher eine Kampftechnik, die sie als »Messer im Dunkeln« bezeichneten. Wurden sie beispielsweise als Vorhut eingesetzt, drangen sie bereits einige Tage vor dem eigentlichen Angriff in die Burg ein. Das aber taten sie nicht in schwarzer Kleidung oder einer anderen Uniform, die sie umgehend als Krieger verraten hätte. Vielmehr erbaten sie meist Einlass als vorgebliches Mitglied der Kumoso, einer Sekte von Bettelmönchen. Das Markenzeichen dieser Ordensleute war ein zu einem Hut umfunktionierter Strohkorb, der das gesamte Gesicht verbarg. So getarnt, konnte der Ninja in aller Ruhe die Verteidigungsanlage ausspionieren, ohne dabei auch nur den leisesten Verdacht zu wecken.

War der Zeitpunkt für den Angriff gekommen, sorgte der Shinobi nach Kräften für Chaos. Er legte an verschiedenen Stellen Feuer, tötete das Wachpersonal und versuchte nach Möglichkeit, auch den Kommandanten zu ermorden. Doch sobald er seinen Auftrag erledigt hatte, zog er sich unerkannt in die Anonymität zurück. Den Siegesruhm überließ er bereitwillig dem ersten Samurai, der mit seiner Gruppe die Burg erreichte.

Wie anders ist das doch heute bei uns! Versuchen wir nicht, jeden einzelnen unserer Schritte über alle uns zur Verfügung stehenden Plattformen einer möglichst breiten Öffentlichkeit bekannt zu machen?

Hören und lesen wir nicht überall, dass der Weg zum Erfolg allein über eine möglichst große Sichtbarkeit führt? Ohnehin haben wir heute mehr denn je das Bedürfnis, möglichst der ganzen Welt mitzuteilen, was wir getan haben und vor allem, wie wir uns dabei gefühlt haben. Schließlich soll jeder wissen, wie wir über die verschiedensten Dinge denken! Wir veröffentlichen unseren Urlaubsort, unseren gesundheitlichen Status und selbst unsere politische Einstellung. Aber wozu, um alles in der Welt? Was bringt es, wenn fremde Menschen wissen, was du zu Mittag gegessen hast, wenn du damit nicht wenigstens dein Lieblingslokal bewirbst?

Meiner Meinung nach ist der wahre Beweggrund für dieses Verhalten die Suche nach Aufmerksamkeit. Denn dafür, dass wir Dinge von uns preisgeben, die genau genommen niemanden etwas angehen, erhalten wir eine kurzfristige Anerkennung. Sigmund Freud hat einmal gesagt: »Gegen Angriffe kann man sich wehren, gegen Lob ist man machtlos.« Diese Weisheit war auch in Asien wohlbekannt. Schon ein altes chinesisches Sprichwort sagt:

> »Wer mich ständig lobt,
> ist entweder ein Narr, der mich verachtet,
> oder ein Schurke, der mich betrügen will.«

Was diese Waffe so effizient macht, ist das wohlige Gefühl der Zuwendung, das uns zuteil wird. Dieses lässt uns umgehend vergessen, wie angreifbar wir uns eigentlich machen, wenn wir persönliche Informationen auf Wegen verbreiten, die wir nicht kontrollieren können.

Bevor du das nächste Mal freiwillig etwas von dir einer größeren Allgemeinheit bekannt machst, überlege doch, ob du dasselbe auch einem Polizisten im Rahmen eines Verhörs erzählen würdest. Sollte deine Antwort ein klares »Nein« sein, so frage ich dich, warum du es dann hier preisgibst?

Mich erinnert dieses Verhalten an die Mutproben unserer Jugendzeit. Auch damals haben wir die verrücktesten Sachen oft nur deshalb getan, weil wir unser Umfeld beeindrucken wollten. Das war uns aber derart wichtig, dass wir den Gedanken an mögliche Konsequenzen umgehend beiseitegeschoben haben.

Heute fängt Öffentlichkeit aber bereits im vermeintlich vertrauten Kreis an.

Obwohl wir oft nicht einmal wissen, wer sich hinter den Bildern tatsächlich verbirgt, scheinen uns die Menschen in unserem virtuellen Umfeld meist sehr vertraut. Personen, die wir noch nie gesehen haben, werden dank sozialer Medien sofort zu Freunden und verführen uns dazu, ihnen möglichst viel zu erzählen. Dennoch sollten wir uns mehr als nur einmal überlegen, was wir wem wo anvertrauen.

Nun überlegst du möglicherweise, worin denn das Problem liegt, wenn du ebendiesen virtuellen Freunden berichtest, dass du dich ausschließlich vegan ernährst. Meist ist uns nicht bewusst, dass unsere Gegner selbst solche vermeintlich belanglosen Informationen irgendwann gegen uns verwenden können. Du fragst dich, welche Gegner das denn sein sollen?

Wie du sicher weißt, ist das Ziel von Plattformen, auf denen jeder kostenlos seine Meinung verbreiten kann, nicht das Wohlbefinden der Nutzer. Vielmehr versuchen die Betreiber, aus den verschiedensten Motivationen heraus möglichst viel über uns herauszufinden. Es ist, als hätte ein Burgherr den Eindruck, dass es sich bei dem vermeintlich mittellosen Wanderer, der gerade bei ihm zu Gast ist, in Wirklichkeit um einen Ninja handelt. Welche Möglichkeit hat er, die Wahrheit zu erfahren?

Direkt darauf angesprochen, wird wohl niemand zugeben, dass er ein Spion ist. Was aber, wenn der Hausherr eine Stange installieren lässt, an welcher der angeblich Mittellose hundert Klimmzüge machen kann – während im Publikum eine junge Dame sitzt und den Bettler anlächelt?

Genauso ist es überall: Unsere Gegner möchten nach Möglichkeit herausfinden, wer ihnen gefährlich werden könnte. Doch ein Angreifer gibt das genauso wenig offen zu wie wir selbst ihm unsere Pläne verraten. Oder bist du schon einmal zum Finanzamt gegangen und hast dort angekündigt, die nächste Woche »schwarz« arbeiten zu wollen?

Gerade in den sozialen Medien schafft unser Gegner ein Umfeld, in dem wir uns wohlfühlen. Dort sorgt er dafür, dass es uns gut geht und dass wir uns akzeptiert, gebraucht und bewundert fühlen. Und schon erzählen wir ganz freiwillig Dinge über uns, die nicht einmal unser Partner weiß.

Ich möchte dich nun nicht dazu auffordern, wie ein Ninja die Öffentlichkeit zu meiden oder dich stets so anzupassen, dass du nicht auffällst. In Asien sagt man vielmehr:

> Nur wer gegen den Strom schwimmt,
> kommt irgendwann zur Quelle.

Unsere Welt braucht ganz dringend Menschen, die offen dem Verhalten der breiten Masse entgegentreten, indem sie gegen den Strom schwimmen. Aber vergiss nicht: Das geheime Wissen vom Sich-Zurücknehmen lehrt uns trotz allem, dass es manchmal besser ist, Dinge zu tun, ohne sie an die große Glocke zu hängen.

So ist es auch keineswegs immer die beste Lösung, provokant exakt das Gegenteil von dem zu tun, was irgendwo angeordnet ist. Das mag zwar cool aussehen, geht aber meistens nach hinten los. Auch wenn Menschen den Rebellen unter uns meist kurzfristig Respekt zollen, schlägt diese anfängliche Anerkennung schnell in Ablehnung um. Zu groß ist nämlich der Ärger darüber, dass man selbst nicht den nötigen Mut besitzt, der eigenen Meinung treu zu bleiben. Wer Anordnungen befolgt, die er als zutiefst unsinnig erachtet, der lebt wissentlich eine Lüge. Doch das Motiv hinter diesem Verhalten ist stärker, als es eine Überzeugung jemals sein könnte: die Angst, aus der vermeintlich schützenden Gesellschaft ausgeschlossen zu werden.

Mit Sicherheit hast du schon einmal beobachtet, dass ein Fußgänger mitten in der Nacht auf einer völlig leeren Straße an einer roten Ampel gewartet hat. Die ungeduldige Körperhaltung ließ darauf schließen, dass die betreffende Person schon eine Zeitlang an ihrem Platz gestanden haben musste. Plötzlich kam eine Gruppe von fünf oder sechs Personen auf die Kreuzung zu. Ohne anzuhalten, schauten die jungen Menschen kurz nach links und nach rechts und überquerten die Straße. Wie aber reagiert nun die Person, die bis dahin so vorbildlich gewartet hat? Mit großer Wahrscheinlichkeit schließt sie sich eilig an.

Wie anders wäre aber die Situation, wäre der Wartende Teil einer größeren Gruppe, die gemeinsam auf das Umschalten der

Ampel wartet und dabei einen einzelnen Menschen beobachtet, wie dieser das Rotlicht ignoriert!

Weise ist, wer seinen Weg unbeirrt geht.
Der wartet weder auf das Lob der Mehrheit
noch aber verbiegt er sich,
um den Anderen zu gefallen.

Trotzdem ist es nicht immer sinnvoll, eine Mehrheit offen zu konfrontieren. Zumal dir das in vielen Fällen nichts als Probleme einbringt. Das gilt ganz besonders dort, wo es am Ende keinerlei Unterschied macht, ob du dich auflehnst oder eine Situation einfach so akzeptierst, wie sie ist. Das hat nichts mit Feigheit zu tun und nichts damit, etwa mit dem Strom zu schwimmen. Hier geht es schlicht und einfach darum, sich nicht selbst unnötig zu gefährden. Besonders wichtig ist das überall dort, wo du einen Großteil deines Umfelds gegen dich weißt. Dann ist es meist das Sinnvollste, für den Moment auch jene Umstände hinzunehmen, die dir widerstreben.

Ein Ninja, so lehrt uns das Wissen
vom Sich-Zurücknehmen, bringt sich
niemals unnötig selbst in Gefahr.

Gewöhne dir am besten an, dich zu fragen, ob das, was du tust, wirklich der Sache dient, oder ob es nicht in Wirklichkeit allein um dein Ego geht. Denn selbst, wenn du einen belanglosen Kampf gewinnen solltest, ist der Preis dafür meist viel zu hoch.

Dich durchzusetzen kostet dich Energie,
die du woanders dringender benötigst.

Ich erinnere mich noch gut daran, wie ich in meiner Zeit als Reiseleiter mit herabwürdigenden Äußerungen gegenüber den Einheimischen konfrontiert war. Vor allem in den Gesprächen, welche die Gäste untereinander führten, war dies häufig der Fall. Anfangs gab ich der Versuchung nach, mich ungefragt in diese Diskussionen einzumischen und die Menschen vor Ort zu verteidigen. Doch bald verstand ich, dass ich dadurch niemanden von seiner Meinung abbringen würde. Zudem spürte ich, dass mir auch die Mitdiskutanten statt des erhofften Respekts Ablehnung entgegenbrachten, weil ich die Harmonie der Gruppe störte. Auch wenn ich mich anfangs dabei durchaus feige fühlte, beschloss ich, diese Gespräche einfach zu ignorieren. Denn ich merkte sehr schnell, wie viel Lebensqualität mir diese ungewollte Einmischung genommen hatte. Am Ende ging ich noch einen Schritt weiter und verzichtete selbst im direkten Dialog auf jedwede Konfrontation, sobald ich das Gefühl hatte, mit meinen Argumenten ohnehin nichts ausrichten zu können.

Wozu die eigene Lebenszeit
an jemanden verschwenden, der
ohnehin nur eine Bestätigung
seiner festgefahrenen Einstellung hören will?

Je bewusster ich mich aber für dieses Verhalten entschied, umso mehr begann ich mich zu fragen, wie viel ich selbst auf die Meinung anderer geben konnte. Sagte man mir stets die Wahrheit?

War jemand, der angeblich meinen Standpunkt teilte, wirklich mein Unterstützer? Oder gab mein Gegenüber mir nur recht, damit die Diskussion ein Ende hatte, obwohl er meine Ansicht in Wahrheit für völlig inakzeptabel hielt und insgeheim bekämpfte? Doch wie fand ich das am besten heraus?

Solange wir reden, erfahren wir allein unsere eigene Meinung. Wer aber wissen will, was das Gegenüber denkt, der muss lernen zu schweigen und zuzuhören.

Die Fähigkeit, sich auch dort zurückzunehmen, wo es schwerfällt, ist eng mit der Denkweise der Ninja verbunden. Sie selbst bezeichneten ihre legendäre Kampfkunst als »Ninjutsu«, was wörtlich übersetzt so viel bedeutet wie »die Kunst des Erduldens«. Neben den körperlichen Fähigkeiten war für einen Ninja vor allem die Selbstdisziplin jene Tugend, die im Extremfall über Leben und Tod entschied. Das ging häufig so weit, dass ein Shinobi in der Lage sein musste, sich für einen Moment die Denkweise seines Gegners zu eigen zu machen. Das bedeutet, sich so weit in einen Angreifer hineinzuversetzen, dass man dessen Handlungen voraussagen kann.

Die Herausforderung dabei ist, dass wir oft nicht wahrhaben wollen, dass der Andere wirklich so anders denkt. Obwohl wir durchaus eine Idee haben, was die wahre Absicht unseres Gegners sein könnte, finden wir Hunderte Argumente, um uns selbst davon zu überzeugen, dass wir uns irren. Will ein guter Kämpfer sich dadurch nicht selbst lähmen, geht er den umgekehrten Weg.

Wer denkt wie ein Ninja, der macht sich völlig frei von allen moralischen Vorstellungen. Er stellt sich möglichst realistisch vor, das vermutete Ziel des Gegners wäre sein eigenes. Sobald er spürt, dass er mit dem Feind völlig eins geworden ist, beginnt er sich zu fragen: Was täte ich nun an seiner Stelle, um dieses Ziel zu erreichen? Welche Schritte würde ich setzen, um dorthin zu gelangen?

Auch wenn sich anfangs innerer Widerstand regt, wird er oft mehr und mehr feststellen, dass das Verhalten des Gegners genau auf dieses angenommene Ziel hinführt. Nun muss sich der Ninja nur noch so weit zurücknehmen, dass er das Verhalten des anderen völlig wertungsfrei beurteilen und aus dieser Erkenntnis die notwendigen Schritte ableiten kann.

Das geheime Wissen vom Sich-Zurücknehmen fordert uns auf, zu tun statt zu scheinen. Es lehrt uns, den Kopf unten zu halten, um nicht unnötig in den Fokus derer zu geraten, denen wir möglicherweise ein Dorn im Auge sind. Auch wenn die Zuwendung anderer Menschen uns wachsen lassen kann, sollten wir den Sinn für unser Handeln nach Möglichkeit in uns selbst finden. Denn an hohe Bäume, so wussten schon die Ninja, kommt der Wind leicht heran.

ÜBUNGEN

Wann fällt es dir am schwersten, dich zurückzunehmen?

Was sollte jeder unbedingt über dich wissen? Warum?

Wieso macht Lob uns so manipulierbar?

Was bezweckst du, wenn du andere Menschen lobst?

Warum mögen Menschen Uniformen?

Wer kennt deine wahren politischen Ansichten?

Bist du ein Samurai oder ein Ninja?

Der weise Mann
fügt sich den Verhältnissen,
wie das Wasser sich
der Form des Gefäßes fügt.

(aus China)

5

Das geheime Wissen von der Wandelbarkeit

Lerne, dass nichts auf dieser Welt für immer ist

Gegenüber einem gewissenlosen Feind greift selbst der Edle zur List.

(aus Japan)

Bereits tausende Jahre vor den Ninja erkannten die Menschen, dass die Wesen der Natur voller Gegensätze sind. Manche Dinge, so bemerkten sie, fühlen sich hart an, andere hingegen weich. Manche Menschen sind friedlich, während andere eher kriegerisch sind, und Elemente, die uns am Leben erhalten, können uns auch töten.

Wie oft mussten unsere Vorfahren wohl beobachten, dass Wasser, welches gerade einen Menschen vor dem Verdursten gerettet hatte, einen anderen mit seiner gewaltigen Kraft in den Tod riss? Ereignisse wie diese ließen sie aber wiederum verstehen, dass diese gegensätzlichen Eigenschaften sich nicht gegenseitig ausschließen, sondern durchaus gleichzeitig existieren können.

Sobald nämlich die Gipfel der Berge im hellen Licht der Sonne erstrahlten, verdunkelten diese mit ihren mächtigen Schatten die Täler. Wechselte die Sonne aber ihre Position, so waren die soeben noch finsteren Täler erleuchtet, und die Spitzen der Berge verdunkelten sich. Den Menschen wurde bewusst:

Hell und Dunkel können nicht nur nacheinander als Tag und Nacht, sondern viel mehr auch zur selben Zeit und sogar am selben Ort existieren.

Nach und nach entdeckten unsere Ahnen aber etwas noch viel Erstaunlicheres. Diese gegensätzlichen Phänomene konnten nicht nur nebeneinander bestehen. Vielmehr schienen sie sich gegenseitig zu bedingen. Schließlich war an einem wolkenverhangenen Tag alles in das gleiche, gleichmäßige Licht gehüllt.

> Auch für uns wird ein Zustand erst dadurch bemerkenswert, dass er ein Gegenstück hat.

Würdest du es denn für erwähnenswert halten, dass jemand schnell geht, wenn ohnehin jeder durchs Leben raste? Oder würde jemand Reichtum bemerken, wenn ausnahmslos alle Menschen dieser Welt in Überschwang und Luxus lebten?

Die Ersten, die diesem Phänomen einen Namen gaben, waren die alten Chinesen. Sie nannten es »Tai Qi« oder »Tai Chi«, was auf Deutsch so viel bedeutet wie »das höchste Äußerste« oder »extremste Gegensätze«. Ein Ansatz, der bis heute bekannt ist. Im berühmten Symbol Yin und Yang stehen sich das dunkle Yin und helle Yang in einem Kreis gegenüber, wobei sich beide Elemente wiederum jeweils gegenseitig in Form eines kleinen Kreises enthalten.

Bald schon fand die Idee ihren Weg nach Japan, wo die beiden gegensätzlichen Kräfte als In und Yo bekannt wurden.

Doch auch wenn die Theorie der sich gegenseitig bedingenden Extreme vieles erklärte, blieb dennoch eine wichtige Frage offen. Wie konnten diese nebeneinander bestehen, ohne sich gegenseitig zum Stillstand zu bringen? Auf den ersten Blick vertrug sich diese These nämlich nicht mit der Beobachtung, dass die Natur wo immer möglich suchte, alles in einen Ausgleich zu bringen.

Das Geheimnis, so begannen die Philosophen zu verstehen, liegt in der Tatsache, dass keines dieser Extreme von Dauer ist.

Vielmehr ist alles auf der Welt einem ständigen Wandel unterworfen. Wasser, das im Sommer den Körper warm und geschmeidig aufnimmt, ist im Winter kalt und ablehnend wie Stein. Wesen, die soeben noch voller Leben waren, sind plötzlich tot, und der friedlichste Mensch wird von einem Augenblick zum nächsten zum wütenden Berserker.

Alles verändert sich.

Nichts ist und nichts bleibt auf eine einzige, fixe Art. Vor diesem Wissen wird aber auch klar, warum jeder Versuch, an einem Zustand festzuhalten, zwangsläufig zum Scheitern verurteilt sein muss.

Doch auch wenn wir gelernt haben, uns mit der Idee des Wandels zu arrangieren, fällt es uns häufig dennoch schwer, die dahinterstehende Idee wirklich in unser Leben zu integrieren. Viel zu sehr bleiben wir oft der Ansicht verhaftet, dass Dinge ausschließlich auf die eine oder andere Art sein können.

So erzählt man sich, dass eines Tages ein Zen-Meister mit seinen Schülern einen Spaziergang machte. Plötzlich sah einer der Mönche, der etwas hinter der Gruppe zurückgeblieben war, wie ein Schwarm Wildgänse vorbeiflog. Andächtig genoss er den Anblick ihrer Schnelligkeit und das Rauschen der Flügel.

Voller Entzücken rief er: »Meister, Meister, seht die Gänse!« Doch als der Lehrer sich umwandte, war der Vogelschwarm bereits am Horizont verschwunden.

»Oh«, sagte der enttäuschte Mönch, »sie sind nicht mehr da!«

Da kam der Meister auf ihn zu, schlug ihn mit dem Stock und sagte: »Du Unwissender! Sie sind immer hier, sie sind niemals hier.«

Genauso wie nun die Gänse in der Geschichte gleichzeitig immer und niemals da sind, so ist auch in einem Menschen immer alles angelegt. In jedem von uns existiert das Gute und das Böse in gleichem Maße, auch dort, wo wir uns weigern, eines der beiden zu sehen. Wie sonst könnte derselbe Mensch je nach Situation extrem geizig oder extrem großzügig sein? Wenn aber nun beides auf ihn zutrifft, was ist er dann? Ist ein Supermarkt, in dem die eine Hälfte der Waren unter dem Durchschnittspreis liegt, die andere Hälfte aber darüber, günstig oder teuer?

Obwohl uns das Prinzip der gleichzeitig existierenden Gegensätze, wie gesagt, durchaus bekannt ist, tendieren wir, wo immer möglich, dazu, die Dinge auf eine Seite zu reduzieren. Der oben angesprochene Laden scheint uns also entweder günstig, mit ein paar Ausreißern nach oben, oder eben umgekehrt überteuert, obwohl er ja tatsächlich keines von beidem ist.

Dieses Verhalten liegt meiner Meinung nach vor allem daran, dass unser Gehirn von Natur aus bequem ist. Aus Gründen, die im Nebel der Evolution liegen, versucht es bis heute, wo immer möglich, Energie zu sparen.

Der unangenehme Nebeneffekt ist, dass wir uns dadurch, wie am Beispiel des Supermarktes gezeigt, sehr leicht mit einfachen Antworten auf komplexe Fragen zufriedengeben. Ein Mechanismus, der wiederum zur Folge hat, dass wir uns nicht nur sehr schnell auf eine Seite schlagen, sondern dann noch alles ablehnen, was von der anderen Seite kommt.

Dieses Phänomen kann man sehr häufig bei Menschen beobachten, die sich selbst als »politisch neutral« bezeichnen. Wer nämlich glaubt, so jemand würde innerlich jener Partei den Vorzug geben, die gerade seine aktuellen Bedürfnisse am besten vertritt, der irrt. Auch vermeintlich »unpolitische« Menschen wissen meistens sehr genau, was sie nicht wählen.

Stelle dir einmal vor, dein Land befände sich in einer politisch schwierigen Situation. Die Lage ist festgefahren, und plötzlich taucht ein vernünftig wirkender Vorschlag auf, der die Situation entspannen könnte. Das Dumme ist nur, dass er ausgerechnet von jener Partei kommt, die dir als der Inbegriff des Bösen gilt.

Wie reagierst du in so einer Situation? Siehst du über die ideologischen Differenzen hinweg und greifst die Idee begeistert auf? Oder tust du den Vorschlag vielmehr lächelnd mit dem lapidaren Hinweis ab, dass von Menschen mit dieser Gesinnung nichts Brauchbares kommen kann? Selbst wenn die Idee gut ist, so sagst du dir vielleicht, wird die Partei ohnehin spätestens bei ihrer Umsetzung scheitern.

Weitergedacht bedeutet das aber, dass du eine Lösung, die

du grundsätzlich durchaus gut findest, als unbrauchbar ablehnst, weil sie von den falschen Menschen gekommen ist. Würdest du die Idee denn genauso bewerten, käme sie von einer Partei, mit deren Werten du übereinstimmst?

Wohl kaum. Am Ende geht es hier aber auch um etwas ganz anderes. Unterstützt du denn nicht dadurch, dass du die Lösung gut findest, indirekt deinen Gegner? Wieso aber sollte jemand, der dir offensichtlich etwas Gutes will, in diesem Fall dein Feind sein?

Hier lehrt uns nun das geheime Wissen von der Wandelbarkeit, vor allem eine Idee zu bewerten und weniger den Menschen, von dem sie kommt. Alles andere wäre nämlich so, als würdest du in einem überteuerten Supermarkt auf ein attraktives Sonderangebot verzichten, nur weil du grundsätzlich mit dessen Preispolitik nicht einverstanden bist. Warum aber solltest du das tun? Du verpflichtest dich ja nicht zu einem täglichen Einkauf, nur weil du bei einem einzelnen Schnäppchen zuschlägst!

Wenn wir aber immer strikt
für oder gegen etwas sein wollen,
handeln wir nicht nur gegen die Gesetze der Natur,
sondern berauben uns erstaunlich
vieler Möglichkeiten.

Zu den wichtigsten Zielen der Ninja zählte es deshalb, den Kämpfern ihre gedankliche Flexibilität wieder zurückzugeben. Ein Shinobi konnte schließlich nur dann erfolgreich sein, wenn er mit den unverhandelbaren Gesetzen der Natur vollständig im Einklang war. Er musste lernen, sich ihnen auch dort zu unterwerfen, wo sie seinen Wünschen, seinen Einstellungen und seinen Glaubenssätzen widersprachen. Denn schon ein altes asiatisches Sprichwort sagt:

»Wenn du es verstehst,
sind die Dinge so,
wie sie sind.
Wenn du es nicht verstehst,
sind die Dinge so,
wie sie sind.«

Diese Einsicht prägte wiederum das Denken der japanischen Krieger. Sie verstanden, dass in einem Kampf, in welchem dem Gegner jedes Mittel recht war, um seine Ziele durchzusetzen, Werte wie Fairness und Moral fehl am Platze waren. Warum, so fragten sich die Ninja, sollte sich ein Kämpfer mit solchen Vorstellungen selbst lähmen, wenn der Gegner es auch nicht tat?

Auch der italienische Staatsmann und Philosoph Niccolò Machiavelli warnte die Fürsten, denen er diente, eindringlich vor dieser Idee. »Die Art, wie man lebt«, so schrieb er, »ist so verschieden von der Art, wie man leben sollte, dass ein Mensch, der in allen Dingen nur das Gute tun will, unter so vielen, die das Schlechte tun, notwendig zugrunde gehen muss.«

Auch wenn das jetzt so klingen mag, hüteten sich die Shinobi dennoch davor, Menschen in verschiedene Schubladen zu stecken.

Lehrte sie doch das Prinzip von In und Yo, dass ohnehin alle Schubladen gleichzeitig für jeden und für niemanden passend sind.

Eine Kategorisierung hätte daher nicht viel mehr als so manche böse Überraschung gebracht. Um seine Ziele zu erreichen, nutzte ein Ninja vielmehr jenes Prinzip, das seit Jahrtausenden die Grundlage der asiatischen Kampfkunst bildet: mit dem geringstmöglichen Aufwand die maximale Wirkung zu erzielen. Eine Idee, die man besonders deutlich an der Technik der sogenannten Hebel sehen kann. Hier versucht der Kämpfer unter Ausnutzung der physikalischen Gesetze dem Gegner mit minimalstem Kraftaufwand derart große Schmerzen zuzufügen, dass dieser freiwillig aufgibt.

Wann immer ein Ninja sich zwischen einem offenen Kampf und einer Finte entscheiden musste, griff er daher nach Möglichkeit auch zur List.

Denn wer verstanden hat, dass die Dinge in einem ständigen Wandel sind, der versteht auch, dass auf jeden Sieg irgendwann eine Niederlage folgt.

Niemand gewinnt immer, und auch der vermeintlich Unbesiegbare ist besiegbar. Denn gleichgültig, wie gut ein Kämpfer auch vorbereitet sein mag, es kann immer etwas passieren, das nicht vorgesehen war. Er kann in einen Hinterhalt geraten, von der Sonne geblendet werden, im Morast ausrutschen oder sonst wie in eine Situation geraten, in welcher der Gegner die Oberhand gewinnt.

Da die Ninja nun ihre Aufgabe, wie schon geschrieben, weniger im spektakulären Kampf sahen als vielmehr darin, den Lauf der Dinge zu ändern, vermieden sie in der Folge wo immer möglich jede wie auch immer geartete Konfrontation.

Gleichzeitig verpflichtete das geheime Wissen von der Wandelbarkeit einen Ninja aber dazu, seine Meinung in regelmäßigen Abständen zu hinterfragen.

Alles, was gestern noch richtig war,
könnte heute nämlich schon falsch sein.

Machtverhältnisse ändern sich, vertrauenswürdige Informanten werden zu verräterischen Feinden, schwache Gegner erstarken. Im schlimmsten Fall konnte das sture Beharren auf einem Standpunkt für einen Kämpfer tödlich sein.

Doch wie gelang es den Shinobi, ihre festgefahrenen Ansichten auf den Prüfstand zu stellen?

Sie nutzten dazu das bereits erwähnte Prinzip von In und Yo. Durch dieses verstanden sie, dass alles, was stark ist, auch seine schwachen Seiten hat. Ein riesiger, kraftvoller Gegner, gegen den jeder Kampf auf den ersten Blick aussichtslos wirkt, hat das Problem, recht unbeweglich zu sein. Ein Angreifer, der mit einem Messer bewaffnet ist, ist sich seiner Überlegenheit oft derart sicher, dass er dazu neigt, unaufmerksam zu sein.

> Indem der Ninja seine eigenen Ansichten hintanstellte, gelang es ihm, auch die andere, dunkle Seite seines Gegenübers zu sehen.

So hast du mit Sicherheit schon einmal insgeheim Menschen beneidet, die über vermeintlich unermesslichen Reichtum verfügen. Abgesehen davon, dass es so jemandem scheinbar an nichts fehlt, hat man den Eindruck, als könne sich der Betreffende mit seinem Geld ausnahmslos alles kaufen. Eine Ansicht, die auf der einen Seite zweifellos richtig ist. Hast du dir aber schon einmal überlegt, welchen Preis so jemand für seinen Reichtum bezahlt?

Im Gegensatz zu dir kann ein richtig vermögender Mensch nämlich nichts mehr allein tun. Ob er Freunde treffen möchte, einen Spaziergang durch die Stadt machen oder einfach nur auf einer Wiese die Seele baumeln lassen möchte, immer ist jemand bei ihm, der ihn vor Neidern bewacht.

Versetze dich bitte kurz in die Situation einer Person, die vierundzwanzig Stunden am Tag von bewaffneten Leibwächtern umgeben ist, und dann sage mir: Ist so jemand wirklich derart beneidenswert, wie es scheint?

Diese Technik, auch die andere Seite zu sehen, half einem Ninja immer dort, wo er einen Gegner für überlegen hielt. Indem er sich zum Beispiel in einen wütenden Angreifer hineinversetzte, verstand er, dass auch dieser einen großen Teil seiner Kraft aus der Angst schöpfte, nicht mehr lebend heim zu seiner Familie zu kommen. Statt ihn nun direkt im Kampf zu konfrontieren, ging der Shinobi den umgekehrten Weg: Er verstärkte diese Angst so lange, bis der Gegner freiwillig umkehrte.

Durch das geheime Wissen von der Wandelbarkeit der Dinge hatte ein Ninja, der mit einer Situation unzufrieden war, zwei Möglichkeiten. Um die Dinge aus dem Gleichgewicht zu bringen, konnte er entweder den Einfluss des harten Yo oder aber jenen des weichen In erhöhen. Ersteres tat er beispielsweise, indem er seinen Widersacher in einer Situation zu einem Kampf provozierte, die für den Anderen nachteilig war. Das konnte etwa dadurch geschehen, dass er einen unachtsamen Gegner so lange in die Enge trieb, bis dieser mit dem Rücken zur Wand stand.

In der Praxis sieht diese Technik so aus, dass du dir von jemandem Geld leihen möchtest, der es dir aber nicht geben will. Fruchtet das Gesuch im persönlichen Gespräch nichts, trägst du dein Anliegen in einem nächsten Schritt in Anwesenheit möglichst vieler anderer Personen vor. Da dein Gegenüber vor den anderen nicht als unsozial dastehen möchte, gibt er deinem Ersuchen auch gegen seinen eigentlichen Willen statt.

Eine andere Technik besteht darin, die Frage erneut zu einem Zeitpunkt zu stellen, an dem der Gegner nicht auf sie vorbereitet oder von etwas anderem abgelenkt ist, und daher – durch den Überraschungseffekt wehrlos – deiner Forderung zustimmt.

> Ließ sich ein Kampf
> unter keinen Umständen vermeiden,
> versuchte ein Ninja, zumindest
> den Ort festzulegen, an dem dieser stattfand.

Da er dabei, wo immer möglich, ein Terrain wählte, das ihm im Gegensatz zu seinem Gegner bestens bekannt war, bestimmte er dadurch zu einem großen Teil über den Verlauf der Auseinandersetzung. Eine Technik, die sich heute sehr oft vor allem in Diskussionen beobachten lässt. Hierbei versucht ein Angreifer, der von seinem Gegner mit unwiderlegbaren Argumenten in die Ecke getrieben wird, den Diskurs auf ein Thema zu bringen, bei dem er die Oberhand hat.

Nehmen wir einmal an, du diskutierst als bekennender Bewunderer der Ninja in einem öffentlichen Gespräch mit einem glühenden Verehrer der Samurai. Nachdem er kurz begeistert über deren ehrbare, weil offene Kriegsführung gesprochen hat, geht er direkt zum Angriff über. Wie kannst du nur, so fragt er dich, Menschen bewundern, die ihre Gegner feig aus dem Hinterhalt attackieren?

Etwas perplex über die plötzlich persönliche Ebene des Gesprächs, zeigst du anhand mehrerer, historischer Beispiele, dass in die Enge getriebene Samurai durchaus auch zu solchen Mitteln gegriffen haben. Warum aber, so fragst du deinen Diskussionspartner, verurteilt er dieses Verhalten dann nicht auch dort? Ist ein Angriff aus dem Hinterhalt jetzt zulässig oder nicht?

Da dein Gegner nun nicht mehr mit Argumenten reagieren kann, versucht er, diese Verallgemeinerung zu unterbinden. Mit der Bemerkung: »Wir reden aber gerade nicht von den Samurai!«, weist er dich vor dem Publikum zurecht und bringt das Gespräch zurück auf jenen Punkt, an dem er sich stark fühlt.

Wie würde nun ein Ninja auf einen solchen Angriff reagieren? Er würde den Wandel einfach wieder rückgängig machen. Statt sich widerstandslos vom Gegner auf einen Kampfplatz führen zu lassen, der diesem genehm ist, und nach dessen

Regeln zu kämpfen, würde er den Opponenten dort festhalten, wo die Auseinandersetzung gerade stattfindet. Mit der Frage »Reden wir nicht gerade darüber, ob im Falle eines Angriffs nicht alle Mittel recht sind, um sein Leben zu verteidigen?« ginge die Kontrolle wieder zu ihm zurück. Schließlich besagt das Prinzip des Wandels, dass auch vermeintlich Verlorenes durchaus wieder zu uns zurückkommen kann.

Die zweite Möglichkeit, eine Situation zu verändern, bestand für einen Ninja darin, den Einfluss des weichen In zu erhöhen. Da die Shinobi, wo immer möglich, Konfrontationen vermieden, war dies auch meist der bevorzugte Weg. Du kannst dir die Anwendung dieser beiden Techniken vorstellen, als fiele ein Mann in einen reißenden Fluss. Das harte Yo lässt ihn mit aller Kraft gegen die Stromschnellen ankämpfen und alles dafür tun, seine Position nicht zu verlieren, bis er schließlich ans Ufer gelangt. Das In hingegen bringt ihn dazu, sich einfach ein Stück mit der Strömung treiben zu lassen und den Fluss an einer ruhigeren Stelle wieder zu verlassen.

Im täglichen Leben bedeutete das für einen Shinobi, dass er sich vorgeblich an geänderte Verhältnisse anpasste. Statt seinen Gegner zu bedrohen, gab er vor, schwach und wehrlos zu sein. Das wiederum führte dazu, dass der Andere die Situation falsch einschätzte und dadurch seine Aufmerksamkeit nachließ. Eine Technik, die heute überall dort zum Einsatz kommt, wo einem Kunden eine Dienstleistung verkauft werden soll, die er eigentlich nicht braucht.

Nimm als Beispiel jene großen Online-Plattformen, die sich darauf spezialisiert haben, zwischen Anbietern und Kunden zu vermitteln. Selbst wenn diese Dienstleister-Plattformen auf den ersten Blick durchaus praktisch erscheinen, haben wir viele Jahre auch ohne sie ganz gut gelebt. Deshalb wäre wohl kaum jemand bereit, für die Nutzung dieser Leistung eine Gebühr zu entrichten. Daher greift der Plattformbetreiber zu einer einfachen List: Er kassiert die Gebühr nicht von den Kunden, sondern von den Anbietern. Damit schlägt er zwei Fliegen mit einer Klappe. Die Benutzer bekommen die Leistung vermeintlich gratis und freuen sich auch noch darüber, dass endlich einmal die andere Seite zur Kasse gebeten wird. Diese wiederum gibt die Gebühr in Form erhöhter Preise an die Kunden weiter und freut sich darüber, dass diesen der Schwindel nicht auffällt.

Doch lehrt uns das geheime Wissen
von der Wandelbarkeit,
dass nichts für immer ist.

Selbst der sicherste Sieg kann sich schließlich im letzten Moment in eine Niederlage verwandeln und auch die vermeintlich ausweglosesten Situation kann sich völlig unerwartet zu unserem Vorteil drehen.

Auch wenn wir nur in geringem Umfang beeinflussen können, was auf dieser Welt passiert, so können wir dennoch jederzeit darüber bestimmen, wie wir darauf reagieren. Wo wir eine Auseinandersetzung nicht gewinnen können, steht es uns immer frei, zu gehen und zu einem geeigneteren Zeitpunkt wiederzukommen. Denn der weise Mann fügt sich den Verhältnissen, wie das Wasser sich der Form des Gefäßes fügt.

ÜBUNGEN

Gibt es Menschen, die ausschließlich gut sind?

In welchem Punkt würdest du niemals deine Meinung ändern?

Ist Nachgeben ein Zeichen von Schwäche?

Ist Wasser weich oder hart?

Wann hast du dich das letzte Mal in einem Menschen geirrt? Inwiefern?

Gibt es etwas, das für immer bleibt?

Wer seinen Weg kennt,
muss sich nicht an jeder Kreuzung
neu entscheiden.

(aus China)

6 Das geheime Wissen von der Zielstrebigkeit

Lerne, dass du ohne ein klares Ziel deine Kraft nicht fokussieren kannst

Ohne Ziel ist
jeder Weg falsch.
(Konfuzius)

Wann immer ein Ninja zu einer Mission aufbrach, tat er das mit einem ganz klaren Auftrag. Dieser konnte lauten, dass der Shinobi sich in ein gegnerisches Lager einschleusen und von dort Informationen stehlen sollte, oder er sollte einen Angriff vorbereiten, vielleicht sogar einen feindlichen Fürsten beseitigen. Auch wenn die Ninja selbst verfahrenste Situationen oft noch zu ihrem Vorteil wenden konnten, versuchten sie diese, wo immer möglich, dadurch zu vermeiden, dass sie sich auf jeden einzelnen Auftrag genauestens vorbereiteten.

Besonderes Augenmerk legten sie hierbei auf ihre Ausrüstung. Diese versuchten sie so weit als möglich an die Anforderungen des Zielortes anzupassen. Ein Shinobi war im Gegensatz zu regulären Soldaten, deren Gepäck und Waffen von eigenen Einheiten transportiert wurden, nämlich in den meisten Fällen auf sich allein gestellt und musste daher seine gesamte Ausrüstung selbst zum Zielort bringen. Zum Gewicht, das jeder unnötige mitgetragene Gegenstand bedeutete, kam aber noch etwas anderes hinzu: Ein schwerbepackter Mensch erregt umgehend Aufsehen.

Je genauer ein Ninja
nun sein Ziel kannte,
desto weniger unnötigen Ballast
führte er mit sich.

Gleichzeitig hatte die Tatsache, dass sich die Ninja immer das Ziel ihres Auftrags bewusst machten, noch einen weiteren Vorteil.

Je selbstverständlicher sich ein Mensch
auf ein Ziel zubewegt,
desto unwahrscheinlicher ist es,
dass jemand ihn aufhält.

Stell dir einfach einmal vor, dass eine gut gekleidete Person eiligen Schrittes ein Bürogebäude betritt. Während sie am Empfang vorbeigeht, nickt sie dem Rezeptionisten kurz freundlich zu und ist auch schon im Aufzug verschwunden. Denkst du, dass jemand vom Empfang den Fremden aufhalten und nach seinem Ziel fragen würde? Ich glaube nicht.

Was aber, wenn eine hochrangige Managerin des Unternehmens, die der neu eingestellten Empfangsdame noch nicht bekannt ist, planlos durch den Rezeptionsbereich schlenderte? Sie würde sofort gefragt, bei wem sie denn einen Termin habe.

»Die Welt«, hat der Philosoph Ralph Waldo Emerson einmal gesagt, »macht dem Menschen Platz, der weiß, wohin er geht.«

In diesem Zusammenhang erinnere ich mich immer wieder an meine erste Reise nach Istanbul, das vor über dreißig Jahren für seinen chaotischen Verkehr bekannt war. Jeder fuhr damals, wie er glaubte, und Ampeln hatten keinerlei Einfluss auf das aktuelle Verkehrsgeschehen. Nachdem die Autofahrer auch weiterfuhren, wenn die Fußgängerampel auf grün stand, gab es nur eine Möglichkeit, die Straße zu queren. Nachdem man die Fahrbahn betreten hatte, musste man, ohne nach links oder rechts zu schauen, so lange weitergehen, bis man den gegenüberliegenden Gehsteig erreicht hatte. Das Wichtigste dabei war, niemals stehen zu bleiben oder auch nur einen Augenblick zu zögern. Die Fahrer schätzten nämlich jeder für sich die voraussichtliche Position des Fußgängers, um diesem auszuweichen zu können, ohne die Geschwindigkeit verringern zu müssen. Jedes auch nur so kurze Zaudern hätte daher unweigerlich zu einem Zusammenstoß geführt.

Ein Mensch, der sein Ziel nicht kennt,
neigt aber nicht nur zum Zögern.
Vielmehr tendiert er auch dazu,
viel zu viel Ballast mit sich zu schleppen.

Mit Sicherheit bist du schon einmal jemandem begegnet, der vorhatte, auf eine Weltreise zu gehen. Da das Ziel dieser Person nicht eine klar bestimmte Region, sondern zumindest theoretisch die ganze Welt ist, muss sie auf alle Eventualitäten vorbereitet sein. Was, wenn sie dem tropischen Monsunregen in eine Gegend entflieht, in der es schneit? Am Ende bricht so jemand mit einem Rucksack auf, der halb so schwer ist wie er oder sie selbst. Und dies nur, um am Ende die Zeit in einer Zone zu verbringen, in der fünf Oberteile und zwei Hosen durchaus ausgereicht hätten.

Menschen mit unklaren Zielen,
so wussten schon die Ninja,
erkennt man an unnötigem Ballast
oder an unnützen Aktionen.

Hierzu gehört vor allem die eigenartige Angewohnheit vieler Menschen, anderen zu drohen. Was aber soll es zum Beispiel genau bringen, jemandem zu erzählen, dass du etwas deinem Anwalt übergeben wirst? Abgesehen von der Tatsache, dass die meisten davon ausgehen werden, dass du ohnehin keinen hast und dies eine leere Drohung ist, zeigst du deinem Gegenüber damit in erster Linie, dass du dich selbst für zu schwach hältst, die Sache allein zu regeln.

Es geht mir jetzt nicht um die Frage, ob es manchmal sinnvoll sein kann, einen Rechtsbeistand hinzuzuziehen. Aber wenn du es tatsächlich vorhast, warum tust du es dann nicht einfach? Und wenn du es ohnehin nicht planst, warum drohst du dann damit?

Mir kommen solche Menschen immer vor wie früher die kleinen Stänkerer auf dem Schulhof, die nach dem großen Freund gerufen haben, wenn sie einmal zu weit gegangen sind. Nur, dass der dann dummerweise meist nicht kam. Unter den vielen Dingen, welche die Ninja mit den legendären Kampf-Mönchen von Shaolin gemeinsam haben, ist die Tatsache, dass beide niemals gedroht haben. Nachdem ihr Ziel die Lösung von Konflikten und nicht der Kampf war, haben sie versucht, diesem aus dem Weg zu gehen, solange es möglich war. Ging das Gegenüber aber einmal wirklich zu weit, so verwandelte sich der friedliche Bettelmönch ohne Vorwarnung in Sekundenbruchteilen in einen oft tödlichen Gegner.

»Wenn du das Schwert aus der Scheide ziehst«,
so schreibt schon Musashi,
»dann musst du innerlich bereit sein,
den Gegner zu töten.«

Auch wenn diese Idee natürlich heute nur noch im übertragenen Sinne gilt, ist sie deswegen nicht weniger richtig als zu der Zeit, als der Begründer einer Schwertkampfschule, der auch ein versierter Künstler war, seine Weisheiten aufschrieb. Was nämlich sollte so eine Drohung denn bringen, außer dass der Gegner gewarnt ist und sich besser auf die Auseinandersetzung vorbereiten kann? Abgesehen davon führen Androhungen am Ende meist nur zu einem Streit, der uns nichts bringt, aber viel Energie kostet.

Das geheime Wissen von der Zielstrebigkeit
lehrt uns, zu wissen, wohin wir wollen,
und alles zu vermeiden,
was uns davon abhält, dorthin zu kommen.

Lass uns noch einen Augenblick bei dem Beispiel mit dem Anwalt bleiben. Hier kannst du nämlich schön sehen, dass sich die Sache in dem Moment, in dem du die Drohung ausgesprochen hast, in eine komplett falsche Richtung entwickelt. Wenn dein Gegner dich nämlich einfach auslacht und meint, du sollest doch tun, was du nicht lassen kannst, dann geht es sehr schnell nicht mehr darum, dein Ziel zu erreichen. Vielmehr wirst du viele durchaus vermeidbare Dinge einfach nur tun, um dein Gesicht zu wahren. Bevor du daher in eine wie auch immer geartete Konfrontationen gehst, überlege dir deshalb immer, was dein wahres Ziel ist.

So erzählt man sich, dass sich eines Tages ein junger Mann namens Matajuro, der unbedingt die Kunst des Schwertkampfes erlernen wollte, auf den Weg zum Berg Futura machte, wo die Hütte von Meister Banzo stand. Doch als er dort ankam, wies der Meister ihn ab. Matajuro erfülle die Voraussetzungen nicht, die er an seine Schüler stelle.

Doch der junge Mann ließ nicht locker. »Wenn ich hart arbeite und Eure Weisungen aufs Genaueste befolge, wie viele Jahre werde ich brauchen, um die Meisterschaft zu erreichen?«

»Zehn Jahre«, sagte Banzo.

»So lange kann ich nicht warten!«, sagte Matajuro. »Mein Vater wird alt, und ich muss wieder nach Hause, um ihn zu pflegen. Was, wenn ich mir noch mehr Mühe gebe und noch härter arbeite? Wie lange dauert es dann?«

»Dreißig Jahre«, antwortete der Meister.

»Das kann doch nicht sein!«, rief Matajuro. »Zuerst sagtet Ihr zehn Jahre und jetzt dreißig! Aber wenn ich mich wirklich bemühe, Tag und Nacht zu trainieren, und keine Mühe scheue, um die Kampfkunst so schnell wie möglich zu erlernen, wie lange brauche ich dann?«

»Siebzig Jahre«, sagte Banzo. »Mit so viel Eile lernt man nur langsam.«

Endlich verstand Matajuro. Er fragte: »Wenn ich meine Ungeduld zähme, darf ich dann bei Euch studieren?«

Banzo nickte bedächtig und sagte: »Ich nehme dich zum Schüler, aber unter einer Bedingung: Du darfst niemals vom Schwertkampf reden und kein einziges Mal eine Waffe anrühren.«

Erleichtert stimmte der junge Mann zu. Doch der Meister stellte Matajuros Geduld auf eine harte Probe. Drei Jahre lang musste er kochen, im Garten arbeiten und Holz sammeln. Es gab kein Training, und die Waffe wurde nicht einmal erwähnt. Matajuro wurde traurig. Wie sollte er auf diese Weise die

Schwertkunst erlernen? Doch er hielt sein Versprechen und zügelte seine Wünsche.

Eines Tages, als Matajuro gerade im Garten arbeitete, schlich Banzo sich von hinten an ihn heran und versetzte ihm mit einem Holzschwert einen fürchterlichen Schlag. An den darauffolgenden Tagen geschah dasselbe. Schließlich konnte sich Matajuro in keinem Augenblick mehr sicher fühlen. Banzo verfolgte ihn Tag und Nacht, und wann immer der junge Mann nicht achtsam war, bekam er das Holzschwert des Meisters zu spüren. Nach und nach lernte er, auf jede Kleinigkeit in seiner Umgebung zu achten und immer aufmerksam und wach zu sein.

Nachdem Matajuro sich von seinen Wünschen befreit, seine Ungeduld gezügelt und dadurch gelernt hatte, in jedem Augenblick seines Lebens konzentriert zu sein, begann der Meister, ihn in der Kunst des Schwertkampfes zu unterrichten. Schon bald darauf wurde Matajuro der beste Schwertkämpfer im ganzen Land.

Am Ende bedeutet Zielstrebigkeit,
zu handeln und nicht,
Bedingungen zu stellen.

Genau das ist es aber, was die meisten Menschen tun. Selbst junge Firmengründer kümmern sich oft eher um ihre Büroausstattung und ihre Außenwirkung, als dafür zu sorgen, dass Kunden kommen.

Vor vielen Jahren habe ich in Asien ein Poster gesehen, dessen Inhalt mir zum Motto geworden ist:

Tu, was du kannst,
mit dem, was du hast,
wo du bist.

Tatsächlich maskieren erstaunlich viele Menschen die Tatsache, dass ihnen ein Ziel fehlt, mit der Behauptung, sie hätten einfach nicht die Mittel, dieses zu erreichen. Lass mich dir an dieser Stelle etwas sagen: Wenn man es wirklich möchte, dann kann man beispielsweise ein erfolgreiches Buch auch mit der Hand schreiben. Wer auch immer behauptet, für egal welches Ziel das Equipment nicht zu haben, dem fehlt in Wirklichkeit eine Idee.

Wann immer du ab jetzt der Meinung bist, mit etwas noch nicht beginnen zu können, weil du dafür dieses oder jenes benötigst, dann fang einfach an. Alles andere ist, als hätte ein Ninja einen Auftrag mit der Ausrede abgelehnt, dafür Waffen zu benötigen, die es damals noch gar nicht gab.

Statt also darüber nachzudenken,
was dich vom Beginnen abhält,
überlege dir vielmehr, ob du überhaupt
weißt, wohin du eigentlich willst.

Das ist nämlich nicht einmal überall dort der Fall, wo es danach aussieht.

Ich erinnere mich noch gut an einen Vortrag, den ich vor einiger Zeit vor einer neu gegründeten Partei gehalten habe. Im

Zuge dessen habe ich die Mitglieder nach ihren Zielen gefragt. Zu meinem Erstaunen erhielt ich zur Antwort, dass sie bei der nächsten Wahl, zu der es noch einige Jahre hin war, sieben Prozent erreichen wollten. Auch auf meine Nachfrage, dass es um Ziele und nicht um eine Prognose der Möglichkeiten ginge, blieben sie bei dieser Zahl.

Möglicherweise fragst du dich jetzt, welche Antwort ich denn gerne gehört hätte. Nun, stelle dir einmal vor, ich würde ein Buch verfassen mit dem Ziel, dass dieses dreiundneunzig Prozent der Leser nicht gefällt. Klingt etwas eigenartig, nicht wahr? Auch wenn es völlig klar ist, dass etwas unmöglich allen Menschen gefällt, so sollte es doch zumindest mein Ziel sein! Alles andere wäre, als wäre ein Ninja aufgebrochen, um irgendwo in einer Burg ein Feuerchen zu legen und dann zu sehen, was passiert. Selbstverständlich hätte keiner der Schattenkämpfer jemals so etwas getan. Sein Auftrag lautete, den Gegner unschädlich zu machen. Um diesen aber erfüllen zu können, musste der Shinobi zuerst einmal genau wissen, wer sein wahrer Gegner war. Hätte er nämlich einfach planlos irgendeinen der Soldaten attackiert, statt den Kommandanten außer Gefecht zu setzen, so wäre dieser gewarnt gewesen und hätte unversehrt entkommen können.

Nun scheint das genaue Definieren von Zielen für viele Menschen etwas zu sein, was sie als besonders anstrengend empfinden. Das hat aber wiederum zur Folge, dass sie sich zuerst einmal auf den Weg machen und erst dann darüber nachdenken, wo sie eigentlich hinwollen.

Da du dieses Buch liest, verspürst du vielleicht tief in dir den Wunsch, die Welt zum Besseren zu verändern. Aber weißt du eigentlich wirklich, wie diese veränderte Welt aussehen soll? Versteh mich jetzt bitte richtig. Es geht mir nicht darum, dass du jede einzelne Aktion so lange planen sollst, bis deine Idee tot ist. Ich möchte dir viel mehr raten, dein Ziel genauestens zu kennen, bevor du losgehst.

Schließlich ist das geheime Wissen von der Zielstrebigkeit auch unseren Gegnern bekannt. Daher versuchen diese alles ihnen Mögliche, um uns bei der Festlegung unserer Ziele zu behindern. Ihre Taktik beginnt damit, dass sie so tun, als wäre so etwas wie ein Gegenspieler gar nicht existent. Bei vielen Diskussionen wurde mir teils entrüstet die Frage entgegengebracht, ob ich denn tatsächlich der Meinung sei, dass es in unserer heutigen so zivilisierten Zeit überhaupt noch so etwas wie einen Gegner gäbe?

Lass es mich so sagen:

Nur weil du etwas nicht siehst,
bedeutet das nicht,
dass es nicht existiert.

Auch ein feudaler Burgherr im mittelalterlichen Japan, der später einem Ninja zum Opfer fiel, war zuvor der festen Meinung, einen Mönch zu Gast zu haben.

Die Technik, mit der es damals
wie heute gelingt, jemanden von
seinen Zielen abzubringen, heißt Ablenkung.

Dabei macht sich der Angreifer die Tatsache zunutze, dass kein Mensch zwei Dingen gleichzeitig seine volle Aufmerksamkeit schenken kann. So benutzten die Shinobi Brandbomben und Nebelkerzen, um gefährliche Explosionen zu simulieren. Während ihre Gegner panisch versuchten, den Brand zu löschen, vergaßen sie dabei ihre eigentliche Aufgabe: den Eindringling abzuwehren.

Vor vielen Jahren hat mir einmal ein Mitglied einer Polizei-Sondereinheit verraten, dass diese Technik bis heute zum Einsatz kommt. Polizisten, die einen gefährlichen Verbrecher festnehmen möchten, lassen über dessen Kopf einen Hubschrauber kreisen. Dieser hat keine andere Aufgabe, als die Aufmerksamkeit des Kriminellen zu binden, sodass das Zugriffskommando ihn von hinten überwältigen kann.

> Eine andere Spielart der Ablenkung ist das Erzeugen von Orientierungslosigkeit.

Hierbei attackiert der Angreifer sein Opfer so lange an vielen kleinen Fronten, bis dieses nicht mehr weiß, wo es die Angreifer zuerst abwehren soll.

Mit Sicherheit warst du schon einmal in einer dieser Situationen, in denen scheinbar alles schiefgeht. Es beginnt damit, dass du ausgerechnet an einem Tag verschläfst, an dem du gleich am Morgen einen extrem wichtigen Termin mit einem Kunden hast. Doch auf dem Weg ins Badezimmer stellst du fest, dass es durch das offene Küchenfenster hereingeregnet hat und alles unter Wasser steht. Während du versuchst, die Überschwemmung zu beseitigen, richtest du dich in deiner Nervosität unachtsam auf und stößt dir den Kopf so, dass dir schwindlig wird. In diesem Moment betritt dein brüllendes Kind die Küche, das sich gerade beim Spielen die Zehe blutig geschlagen hat … Versetze dich bitte einmal kurz in die beschriebene Lage und sage mir: Was machst du als erstes?

Möchte ein Gegner eine solche Situation nun bewusst herbeiführen, so geschieht das am einfachsten durch gezielte Überinformation. Wenn du beispielsweise alle zehn Minuten liest, dass es der Polizei angeblich wieder einmal in letzter Sekunde gelungen ist, einen entsetzlichen Terroranschlag zu verhindern, dann siehst du irgendwann in jedem Menschen, der dir auf der Straße begegnet, einen Terroristen, und in jeder Einkaufstasche, die jemand neben dir abstellt, eine Bombe. Das geht so weit, dass du irgendwann nicht mehr klar denken kannst und in der Folge jedwede staatliche Einschränkung bis tief in dein Privatleben akzeptierst, wenn dadurch nur dieser Horror in deinem Kopf endlich aufhört. Doch in diesem Moment hat dein Gegner dich erfolgreich dazu gebracht, dein Ziel aus den Augen zu verlieren, und du wirst jene als Retter sehen, die dir in Wirklichkeit Böses wollen.

Viele Menschen in meinem Bekanntenkreis reagieren nun auf diese Angriffe damit, dass sie sich weigern, Nachrichten zu lesen. Gäbe es etwas wirklich Wichtiges, so meinen sie, dann würden sie es schon irgendwie erfahren. Auch wenn ich diese Einstellung durchaus nachvollziehen kann, halte ich sie doch für ziemlich gefährlich. Sie lässt mich immer an kleine Kinder denken, die sich die Hand vor die Augen halten und dann glauben, dass sie nicht gesehen werden.

Auch die Ninja wären wohl kaum vor Angriffen sicher gewesen, hätten sie ihre Spionagetätigkeit eingestellt. Ganz im Gegenteil hätte genau dieses Unwissen sie besonders angreifbar gemacht.

Was aber können wir gegen solche Angriffe durch Ablenkung tun, die am Ende das Ziel haben, uns wie eine chinesische Wasserfolter zu zermürben? Wir müssen lernen, Nachrichten wieder als das zu sehen, was sie sind: Informationen, die andere Menschen aus den verschiedensten Motivationen heraus uns zu Bewusstsein bringen möchten. Nichts, das zwingend wahr ist und auch nichts, das zwingend falsch ist. Aber etwas, das uns immer helfen kann, bessere Entscheidungen zu treffen.

Das geheime Wissen von der Zielstrebigkeit lehrt uns nämlich ohnehin, dass ein Mensch, der sein Ziel kennt, nur äußerst schwer von seinem Weg abzubringen ist. Selbst wo er die Zweifler am Wegesrand »Du schaffst das nicht!« schreien hört, nimmt er ihre Anwesenheit einfach wahr, ohne sich davon beeinflussen zu lassen.

Der Schriftsteller Johann Nepomuk Nestroy hat einmal gesagt: »Wenn nur der Kutscher klar sieht, dann wird er auch mit blinden Pferden das Ziel erreichen.« Und ein Kutscher, der sein Ziel kennt, muss nicht an jeder Kreuzung neu über die Richtung entscheiden.

ÜBUNGEN

Womit willst du schon lange beginnen?

____

____

____

Warum hast du es noch nicht getan?

____

____

____

Was ist dein aktuelles Ziel?

____

____

____

Wie kann man dich am einfachsten von deinem Weg abbringen?

Was ist der Zweck von Drohungen?

Ist Geduld immer die beste Lösung?

Nichts ist schwer und
nichts ist leicht.

(Sengcan)

7

Das geheime Wissen vom Durchhalten

Lerne, so lange weiterzugehen, bis die Dinge nach deinen Vorstellungen sind

Wer hundert Li laufen muss,
sollte neunzig als die Hälfte ansehen.
(aus China)

Zu den größten Herausforderungen, mit denen die Ninja sich Tag für Tag konfrontiert sahen, gehörten feindliche Agenten. Diese versuchten, in ihr Netzwerk einzudringen, um das Wissen auszuspionieren. Doch gewarnt aus den Anfangstagen in Iga, als der Kaiser wahllos Kinder und alte Menschen töten ließ, fanden die Schattenkämpfer für dieses Problem eine recht radikale Lösung.

Zeit ihres Bestehens gewährten die Ninja Außenstehenden keinerlei Möglichkeit, in einen ihrer Clans aufgenommen zu werden. Vielmehr bestand der einzige Weg, Teil dieser verschworenen Gemeinschaft zu werden, darin, in eine der Großfamilien hineingeboren zu werden.

So verlockend das nun heute auch klingen mag, so wenig wurde dieses Schicksal wohl von allen Betroffenen begrüßt. Obgleich die Möglichkeit, von dem jahrhundertealten Wissen der Schattenkämpfer zu profitieren, mit Sicherheit viele Vorteile brachte, war die Zugehörigkeit zu dieser Kaste auch mit einem gravierenden Nachteil verbunden. Während die treuen Samurai als todesmutige Krieger gefeiert wurden, galten die Ninja vielen als feige, hinterhältige Mörder. Da nur die wenigsten ihre mystischen Ursprünge kannten, wurden sie offen von der Gesellschaft verachtet und fast überall vom sozialen Leben ausgeschlossen.

Für junge Ninja war also bereits vom Moment der Geburt an klar, wohin der Weg einmal führen würde. Daher begannen die Eltern bereits im Säuglingsalter, ihre Nachkommen auf diese Aufgabe vorzubereiten. Kaum war das Kind wenige Tage alt, schaukelten sie die meist von der Decke hängende Wiege so stark hin und her, dass der Säugling von einer Seite auf die andere rollte. Anfangs fürchtete sich das Baby noch vor diesen Stößen und begann zu schreien. Doch schon nach kurzer Zeit rollte es sich instinktiv zu einem Knäuel zusammen und begann, die unbekannte Gefahr abzuwehren.

Hatte das Kind ein Alter von fünf oder sechs Monaten erreicht, wurde die Intensität des Trainings gesteigert. Die Kleinen mussten minutenlang mit dem Kopf nach unten hängen, lernten schwimmen, lange bevor sie überhaupt gehen konnten, und übten spielerisch, Hindernisse aller Art möglichst lautlos zu überwinden. Mit jeder Fähigkeit, die der junge Shinobi auf diese Art erwarb, wuchs aber auch die Verbundenheit mit seinem Clan. War es am Anfang nichts anderes als Schicksal, dass er in eine solche Familie hineingeboren worden war, so begann er, sich im Laufe der Zeit mehr und mehr mit den Idealen seiner Vorfahren zu identifizieren.

Irgendwann gelangte jeder Ninja schließlich an einen Punkt, an dem es kein Zurück mehr gab. Sie hatten sich das Wissen und die Werte der Shinobi soweit zu eigen gemacht, dass sie für den Rest des Lebens Schattenkämpfer blieben.

Wie die Shinobi werden auch wir Menschen heute ohne unser Zutun in eine Gesellschaft hineingeboren. So saugen wir von klein auf deren Vorstellungen und Werte in uns auf. Je nachdem in welchem Umfeld wir groß werden, lernen wir demokratische Prinzipien oder eine starke politische Führungsperson zu schätzen, glauben an einen, keine oder mehrere Götter und werden überzeugte Fleischesser oder Vegetarier. Alles, was später unser moralisches Empfinden beeinflusst, wird in dieser Zeit geprägt.

Niemals aber wird jemand den Heranwachsenden erzählen, dass vermeintliche Wahrheiten wie Recht, Gesetz oder Moral keine Schöpfungen der Natur, sondern vielmehr von Menschen erfundene Einschränkungen sind. Wie sonst wäre es anders zu erklären, dass jahrtausendelang Veganer neben Kannibalen lebten und dennoch beide mit sich selbst im Reinen waren und der Meinung waren, das Richtige zu tun?

Was aber ist dieses Richtige?
Wem steht es zu, es zu definieren?
Oder gar zu beurteilen?

Nun kam natürlich nicht jedes Kind, das in eine Ninja-Familie hineingeboren wurde, mit den gleichen körperlichen und psychischen Voraussetzungen zur Welt. Manche waren von Geburt an stärker, während andere eher schwächlich waren. Doch die Shinobi taten ungeachtet dessen alles, um selbst den anfänglich Unbegabtesten auf den Weg eines selbstbewussten Kriegers zu führen.

Wie anders ist das doch heute bei uns! Natürlich gibt es auch in unserer Gesellschaft Menschen, die bereits als Kind den Drang verspüren, überall dort Widerstand zu leisten, wo sie etwas als Unrecht fühlen. Sie stellen bereits in jungen Jahren angeblich unabänderliche Sachverhalte infrage und ermahnen jene, die großzügig selbst über die schlimmsten Ungerechtigkeiten hinwegsehen, es ihnen gleichzutun. Doch im Gegensatz zu den jungen Ninja wird so jemand von unserer Gesellschaft nicht unterstützt. Ganz im Gegenteil werden Menschen, die auf Missstände hinweisen, von denen andere profitieren, meist als Störenfriede gebrandmarkt und bekämpft.

Schon Tsunetomo Yamamoto, der Verfasser des »Hagakure«, schreibt:

> Ein Gefolgsmann, der zu klar auf den Grund der Dinge sieht, ist nicht erwünscht.

Schließlich würde ein solcher die Dinge vom Standpunkt der Gerechtigkeit her analysieren, während »ein vollkommener Gefolgsmann seinen Dienst jenseits aller Vernunft wahrnimmt und seinem Fürsten mit blinder Ergebenheit folgt«. Eine Einstellung, die bis heute vor allem das Denken derer bestimmt, die vermeintlich berufen sind, über den Lauf der Welt zu bestimmen.

Wie für einen angehenden Ninja gilt nun aber für jeden, der unsere Erde zu einem besseren Ort machen möchte, dass es nicht ausreicht, als Rebell geboren zu sein. Schließlich kenne allein ich in meinem persönlichen Umfeld eine Vielzahl von Leuten, die wohl genau das von sich behaupten würden. Ganz generell höre ich immer wieder von Menschen, die in ihrer Jugend dafür verschrien waren, bei jeder Ungerechtigkeit sofort auf die Barrikaden zu gehen. Sie alle haben aber im Laufe der Jahre erkannt, dass jeder Versuch, ein bestehendes System zu verändern, ein Kampf gegen Windmühlen ist. Daher haben sie eines Tages beschlossen, sich den Gegebenheiten zu fügen und sich nur noch um ihre eigenen Sachen zu kümmern.

Auch wenn ich diese Einstellung in gewisser Weise nachvollziehen kann, bedauere ich sie.

Wer nämlich, so frage ich mich,
sollte die Welt denn verändern,
wenn nicht jemand, der schon mit diesem Geist
auf die Welt gekommen ist?

Das japanische Zeichen für »Nin«, mit dem man die erste Silbe des Wortes Ninja schreibt, bedeutet auf Deutsch so viel wie »Ausdauer«. Es symbolisiert jene Fähigkeit, die einem Shinobi schon von klein auf antrainiert wurde. So musste ein Schattenkrieger in der Lage sein, stundenlang verborgen in einem Baum von einem Ast zu hängen, während unter ihm seine Feinde in aller Ruhe zu Abend aßen. In so eine Situation konnte er beispielsweise kommen, wenn die Gegner ihm den Fluchtweg abgeschnitten hatten. Oder wenn er bereit sein musste, in genau jenem Moment zuzuschlagen, in dem sein Opfer für wenige Augenblicke allein war. Dann hieß es für ihn durchzuhalten.

In solchen Momenten hing von der Bereitschaft eines Ninja, auch in schwierigen Situationen nicht aufzugeben, tatsächlich sein Leben ab. Deshalb musste er schon früh lernen, sich von Rückschlägen nicht entmutigen zu lassen und selbst dort seinen Weg weiterzugehen, wo das Ziel plötzlich unerreichbar schien. Das geheime Wissen vom Durchhalten lehrte ihn, unbeirrt seinen Zielen zu folgen und Rückschläge als Ansporn zu sehen, noch besser zu werden.

So erzählt man sich, dass ein Schüler eines Tages beobachtete, wie sein Meister unbeirrt eine Sache weiterverfolgte, obwohl sie vermeintlich unerreichbar schien.

»Meister«, fragte er, »warum gebt ihr diese aussichtslose Angelegenheit nicht einfach auf?«

Der Meister sah ihn lächelnd an. »Hast du schon einmal einen Steinmetz bei der Arbeit gesehen?«

Der Schüler nickte.

»Dann sage mir, hast du schon jemals beobachtet, dass dieser den Stein mit einem einzigen Schlag gespalten hat?«

Der Student schüttelte den Kopf.

»Siehst du?«, sagte der Meister. »Er schlägt vielmehr neunundneunzig Mal auf die gleiche Stelle, ohne dass dort auch nur der kleinste Riss sichtbar wird. Aber dann, beim hundertsten Schlag, springt der Stein plötzlich entzwei. Dennoch ist es nicht dieser eine Schlag, der ihm den Erfolg bringt. Es sind vielmehr die neunundneunzig Schläge, die diesem einen vorangegangen sind.«

Wer in einem Kampf aufgibt,
so wussten schon die Samurai,
der hat ihn verloren.

So zitiert Tsunetomo Yamamoto einen Krieger namens Oki Zen-Hyobu, der seine Schüler mit erstaunlicher Eindringlichkeit aufforderte, immer bis zum Schluss zu kämpfen: »Wenn euer Schwert in einer Schlacht zerbricht, kämpft mit euren Armen; wenn eure Arme abgeschlagen werden, ringt euren Gegner mit euren Schultern nieder; wenn eure Schultern verletzt sind, könnt ihr immer noch mit euren Zähnen kämpfen.«

Das geheime Wissen vom Durchhalten möchte uns jedoch keineswegs dazu raten, an Dingen festzuhalten, die keine Zukunft haben. Im Gegensatz zu einem Samurai hätte kein Shinobi jemals für einen Fürsten sein Leben riskiert, mit dessen Zielen und Ansichten er nicht mehr übereinstimmte.

Ein Ninja kämpfte vielmehr ausschließlich für Ziele, von denen er selbst überzeugt war. Dann war er aber bereit, wirklich alles dafür zu tun.

Wie oft hast du aber schon aufgegeben, weil du nicht in der Lage warst, gleichsam neunundneunzig Mal ohne Ergebnis dasselbe zu tun, um auf diesen einen, entscheidenden Schlag zu warten? Tatsächlich ist aber in den wenigsten Fällen echte Aussichtslosigkeit der Grund, aus dem wir eine Sache nicht mehr weiterverfolgen. Vielmehr kennst auch du mit Sicherheit die vielen Gelegenheiten, bei denen etwas nicht auf Anhieb so klappt, wie du es dir vorstellst. Umgehend beschließt du, dass es doch ohnehin nichts als Energieverschwendung wäre, hier weiterzumachen, und du wendest dich etwas Neuem zu. Woher aber willst du wissen, dass etwas nicht funktionieren kann, wenn du es gerade einmal für ganz kurze Zeit probiert hast?

Das geheime Wissen vom Durchhalten lehrt uns, unsere Ungeduld hintanzustellen und zu akzeptieren, dass die Dinge Zeit brauchen.

Wie oft habe ich schon beobachtet, dass Unternehmen ein durchaus interessantes Produkt oder eine spannende Dienstleistung wieder aus dem Programm genommen hat, nur weil sich die Kunden nicht umgehend darauf gestürzt haben. Wer aber so handelt, der übersieht, dass nur das Wenigste sofort geschieht.

Es ist, als gingest du eines Abends an einem Lokal vorbei. Obwohl es geschlossen hat, wirfst du einen Blick auf die Speisekarte und stellst erfreut fest, dass man dort auch dein Lieblingsessen zubereitet! Doch als du zwei Tage später in dem Restaurant einkehrst, musst du zu deiner Enttäuschung erkennen, dass das Menü komplett überarbeitet wurde. Im Gespräch erklärt dir der Kellner, dass die Nachfrage nach den Produkten auf der alten Karte in den ersten zwei Tagen deutlich unter den Erwartungen geblieben sei. Deshalb habe man diese nun geändert und hoffe, mit dem neuen Menü für die Gäste attraktiver zu sein.

Versetze dich bitte einmal in diese Situation. Was würdest du dir bei der Antwort des Kellners denken? Mit großer Wahrscheinlichkeit erschiene dir das Verhalten des Restaurantbetreibers zumindest verwunderlich. Wie um alles in der Welt, so fragst du dich vielleicht, kann man nur so schnell aufgeben?

Bist du dir aber umgekehrt wirklich sicher, dass du dich nicht ab und an genauso verhältst? Wenn du beschließt, etwas abzubrechen, da es vermeintlich keine Zukunft hat, woran machst du fest, dass es nicht einfach zu früh ist, um Ergebnisse erwarten zu können?

Gerade in den letzten Jahren scheint sich die Welt und damit unser Leben mit jedem Tag noch ein Stückchen schneller zu drehen. Mittlerweile erwarten wir schon eine Antwort, bevor wir überhaupt die Frage gestellt haben. Gleichzeitig ist diese Beschleunigung aber etwas, das wie so vieles nur von ein paar wenigen und nicht vom Großteil der Menschen ausgeht. Dennoch übersehen viele, dass die meisten von uns mit dieser immer mehr zunehmenden Geschwindigkeit überhaupt nicht einverstanden sind, weil sie sich davon regelrecht überfordert fühlen. Warum nämlich, so frage ich mich, glaubt mein Gegenüber, dass ich eine Kaufentscheidung schneller treffe, nur weil er oder sie selbst hektisch durch das Leben rast? Und wieso kommt der Andere auf die Idee, dass mich ein Angebot nicht interessiert, nur weil ich es nicht in dem von ihm vorgegebenen Zeitrahmen in Anspruch nehmen möchte?

Wenn du sofort alles hinwirfst,
nur weil etwas nicht in dem
von dir gewünschten Tempo funktioniert,
spielst du jedem Gegner direkt in die Hände.

Was könnte diesem schließlich Besseres passieren, als dass du dich derart schwächst, dass du dich in deiner Ungeduld selbst aus dem Rennen nimmst?

Wenn du jetzt wahrscheinlich lächelnd nickst, ist dir diese Art zu handeln mit Sicherheit mehr als nur bekannt. Aber woher kommt dieses selbstschädigende Verhalten?

Warum fällt es uns so scher durchzuhalten,
dass wir schon beim kleinsten Hindernis aufgeben?

Meiner Meinung nach liegt die Ursache vor allem in unserer eigenen Unsicherheit. Im Gegensatz zu den jungen Ninja, die von ihren Eltern zu maximalem Selbstbewusstsein erzogen wurden, hat man vielen von uns schon als Kindern gesagt, dass wir ohnehin viel zu unbedeutend seien, um etwas verändern zu können. Klar sei die Welt ungerecht, aber was sollten ausgerechnet wir gegen die da oben ausrichten?

Selbst wenn du dich nun dennoch daran machst, etwas zu tun, taucht bei der kleinsten Schwierigkeit dieser Satz wieder in deinem Kopf auf. Statt nun einfach so lange weiterzumachen, bis die Dinge nach deinen Vorstellungen laufen, gibst du lieber auf und vertust dir damit von vornherein jede Chance auf Erfolg.

Das kannst du dir vorstellen, als würdest du eines Tages beschließen, eine Demonstration zu veranstalten. Das Thema, um das es geht, kocht bereits in den Medien hoch und ist in den Köpfen der Menschen angekommen, und so beschließt du, es trotz all der Warnungen vor einem Scheitern zu versuchen. Mangels Budget verbreitest du den Aufruf über Freunde und Bekannte und gehst davon aus, dass diese die Einladung selbstständig weitertragen werden. Als es aber soweit ist, nehmen an der Kundgebung gerade einmal etwas mehr als hundert Menschen teil. Enttäuscht beschließt du beim Anblick dieses Debakels, deine Zeit nie wieder auf etwas derart Sinnloses zu verschwenden. Was aber hast du eigentlich erwartet? Auch wenn du vor deinem geistigen Auge wahrscheinlich eine riesige Menschenmenge gesehen hast, woher hätten die Teilnehmenden denn kommen sollen?

Anstatt sofort das Handtuch zu werfen,
nimm dir einen Augenblick Zeit und
gehe in Ruhe in dich.

Mache dir demütig klar, dass du auf dieser Demonstration ja auch durchaus hättest allein sein können, was aber nicht der Fall war. Warum gehst du dann gleich von Desinteresse aus? Kann es nicht sein, dass sich die Nachricht von deiner Kundgebung einfach noch nicht weit genug herumgesprochen hat, um alle Interessierten zu erreichen? Zugegeben, du hast dir mehr erwartet.

Es ist aber ein Gesetz der Natur,
dass die Dinge klein beginnen und
nur das groß wird, was die Kraft hat, durchzuhalten.

Warum sollte das ausgerechnet für dich nicht gelten? Wie kommt es, dass du sofort Erfolg haben möchtest?

Nun kommt in solchen Fällen oft erschwerend hinzu, dass dein Umfeld dich in der Annahme bestätigt, dass deine Entscheidung, die Kundgebung zu organisieren, falsch war. Da gibt es berufenere, erfahrenere Menschen, die das einfach besser können, sagt man dir. Und deine Gegner klopfen dir tröstend auf die Schulter.

Aber ist es nicht ein Zeichen dafür,
dass etwas falsch läuft, wenn ausgerechnet
deine Gegner dir Recht geben?

Meinst du denn wirklich, dass es in ihrem Interesse wäre, wenn du durchhieltest und irgendwann eine richtig große Demo auf die Beine stelltest? Nun gibt es Menschen, die dir in dieser Situation sagen, dass du kein totes Pferd reiten und deine Kraft lieber für die wirklich wichtigen Dinge aufheben sollst. Eine Aussage, die auf den ersten Blick sogar Sinn zu machen scheint. Schließlich würdest du vordergründig tatsächlich Energie sparen, wenn du von nun an keine Kundgebungen mehr organisierst. Tatsächlich sieht die Sache aber ganz anders aus. Wenn du an diesem Punkt aufgibst, statt durchzuhalten, dann hast du nichts gespart, sondern in Wirklichkeit deine gesamte Investition verloren, weil du mit deinem Handeln am Ende rein gar nichts bewirkt hast. Wie gesagt ist mir völlig klar, dass man schlechtem Geld kein gutes nachwerfen soll. Manchmal muss man seine Niederlage tatsächlich einfach akzeptieren.

> Aber meistens geben wir tatsächlich nur deshalb auf, weil uns der Rückzug der bequemere Weg zu sein scheint.

Nun schaden mit unserer mangelnden Beharrlichkeit aber nicht nur wir uns selbst. Vielmehr kann ein geschickter Gegner unser unzureichendes Durchhaltevermögen gegen uns verwenden, um Veränderungen durchzusetzen, die zu unserem Nachteil sind. Das hat vor allem damit zu tun, dass Menschen, wo immer möglich, den leichtesten Weg gehen und sich daher oft sehr schnell mit weniger als mehr zufriedengeben. Warum sollte man nicht die Kunden, die in einem Hotel für ein Luxus–Apartment bezahlt haben, dann aber wegen vorgeblichen Buchungs-Irrtums zum gleichen Preis in einem Standardzimmer nächtigen sollen, einfach mit einer Flasche billigen Weins abspeisen?

Am Ende ist das aber so, als hätte sich ein Burgherr gefreut, dass statt des vermuteten Ninja nur ein gemeiner Einbrecher in die Burg eingedrungen ist, auch wenn er mit dem gesamten Schmuck entkommen ist!

Ihre wahre Kraft entfaltet diese Technik aber erst, wenn es um viel mehr geht, also alles in einer größeren Dimension stattfindet. Um das zu verstehen, stelle dir bitte einmal vor, du möchtest als Staatenlenker alle Einwohner deines Landes um die Hälfte ihres Vermögens erleichtern. Machst du nun ein Gesetz, das eine solche Steuer vorsieht, werden die Menschen mit großer Wahrscheinlichkeit dagegen Widerstand leisten. Daher drohst du ihnen zuerst an, ihnen alles wegzunehmen. Natürlich werden sich die Bewohner dagegen auflehnen, aber du bleibst zumindest eine Zeit lang hart. Der Staat, so erklärst du, brauche das Geld, dazu gäbe es keine Alternative. Nach einiger Zeit, wenn sich jene mit weniger Durchhaltevermögen schon mit dem kompletten Verlust ihres Eigentums abgefunden haben, machst du einen Rückzieher und erklärst, die Steuerquote auf siebzig Prozent zu senken. Dadurch spaltest du die Bevölkerung. Zwar wird ein Teil unverändert weiter protestieren, sich dabei aber jene zu Feinden machen, die Angst haben, am Ende doch noch alles zu verlieren. Nach und nach wird die Gegenwehr weniger werden, weil sich mehr und mehr Menschen selbst einreden, dass ja schließlich jeder seinen Beitrag für die Gesellschaft leisten muss. Sobald du merkst, dass sich ein sehr großer Teil mit dem Verlust abgefunden hat, hast du eine freudige Nachricht: Nicht hundert und auch nicht siebzig

Prozent wird die neue Steuer betragen, sondern nur noch die Hälfte des Besitzes. Das Volk, das bereits akzeptiert hat, alles zu verlieren, wird dir in diesem Fall noch für deine Großzügigkeit danken.

Eine interessante Spielart dieser Technik habe ich vor einiger Zeit bei einer großen Supermarktkette beobachtet. Dort war der Preis für eine Ware relativ schnell von vier auf acht Euro gestiegen, sodass die Menschen bereits begannen, sich darüber zu beschweren. Nun war dem Management offensichtlich klar, dass eine geplante weitere Preiserhöhung nur mit einem Trick möglich war. Folglich wurde die Ware im Rahmen eines Angebotes so lange auf sechs Euro reduziert, bis die Käufer den alten Preis vergessen hatten. Kaum war die Aktion nämlich beendet, kehrte der Preis nicht zum ursprünglichen zurück, sondern verteuerte sich still und heimlich auf neun Euro.

Das geheime Wissen vom Durchhalten lehrt uns, dass wir die Welt nur dann verändern können, wenn wir beharrlich weiterverfolgen, was wir tun. Wie ein Ninja müssen wir Zeit unseres Lebens ständig besser werden, dürfen dabei aber niemals unser Ziel aus den Augen verlieren. Geben wir nämlich auf, bevor wir ankommen, so ist im schlimmsten Fall alles verloren, was wir bis dahin an Kraft oder Geld investiert haben. Möchtest du also einen Weg von hundert Meilen gehen, dann sieh am besten neunzig als die Hälfte an.

ÜBUNGEN

Wie bringt man dich am schnellsten dazu, aufzugeben?

Gibt es etwas, das du nicht hättest aufgeben sollen?

Wie definierst du Erfolg?

Nach welcher Zeitspanne sollte der Erfolg sich spätestens einstellen? Warum?

Hast du schon einmal etwas in der Absicht begonnen, es nicht fertigzustellen?

Wie oft hast du dich schon geirrt?

Träume entspringen
wachen Gedanken.

(aus China)

8

Das geheime Wissen von der Veränderung

Lerne, Veränderungen herbeizuführen statt auf sie zu hoffen

Du kannst zwar den Hahn einsperren,
aber die Sonne geht trotzdem auf.

(Konfuzius)

Nachdem die Ninja vor einigen Jahrhunderten den Gipfel ihrer Macht erreicht hatten, verschwanden sie wieder lautlos in jenem Dunkel der Geschichte, aus dem sie einst hervorgekommen waren. Weil die japanische Feudal-Gesellschaft, in welcher einzelne Fürsten um die Macht gekämpft hatten, einem vereinten Nationalstaat gewichen und die Krieger-Kaste der Samurai durch ein zentral organisiertes Heer ersetzt worden war, hatten auch die Schattenkämpfer ihre Aufgabe erfüllt. Von nun an konnten sich die Nachfahren der Familien von Iga wieder jenen Zielen widmen, für die sie ursprünglich angetreten waren: die Welt zu einem besseren Ort zu machen.

Denn auch wenn die Schattenkämpfer ihren heutigen Ruhm vor allem ihren herausragenden militärischen Fähigkeiten verdanken, hatten die alten Mystiker den Kampf nicht begonnen. Vielmehr hatten sie sich allein auf sich gestellt gegen jene Angriffe zur Wehr gesetzt, denen sie vonseiten der herrschenden Kaste ausgesetzt gewesen waren. Zum Verhängnis war ihnen dabei vor allem die Erkenntnis geworden, dass selbst ein einzelner Mensch den Lauf der Welt verändern kann, wenn er nur über den dazu nötigen Willen verfügt.

Nun hätte man in Iga natürlich gleich zu Anfang klein beigeben können. Vielleicht hätte dann der staatlich verordnete Terror eines Tages auch ohne Gegenwehr aufgehört.

Doch wer auf Hoffnung bauen muss,
so wussten schon die Ahnen der Ninja,
der hat die Kontrolle verloren.

Wer jedoch darüber bestimmen kann, wie die Dinge laufen, der sorgt einfach dafür, dass sie es in seinem Sinne tun.

Wer also beispielsweise meint, dass ein Reiseleiter auf das Trinkgeld angewiesen sei, das er am Ende der Fahrt von den Gästen bekommt, der irrt. Ein guter Planer weiß vielmehr, dass er im Laufe der Tour zusätzliche Ausflüge und Aktivitäten anbieten muss, die nicht im Preis der Reise enthalten sind. So greifen die Kunden im Laufe der Tour immer wieder in die Tasche und der Reiseleiter, der auf diese Art seine Schäfchen bereits unterwegs ins Trockene gebracht hat, muss am Ende nicht bangend die Hand aufhalten.

Hoffnung brauchen wir ganz besonders dort, wo wir meinen, keinerlei Einfluss auf den Fortgang der Ereignisse zu haben. Dieses Gefühl, nicht mitbestimmen zu können, führt wiederum oft dazu, dass wir hochgradig frustriert sind. Eine Empfindung, die sich umgekehrt aber meist sehr schnell auflöst, sobald wir beginnen, etwas zu tun.

Wer den Lauf der Dinge verändern will,
muss daher lernen zu handeln,
statt zu träumen.

Denn auch in einer Konfrontation gewinnt fast immer derjenige, der als erster ins Tun kommt. Im Gegensatz zum Verteidiger kontrolliert ein Angreifer den Verlauf des Kampfes, während der Verteidiger nur auf die Handlungen des Gegners reagieren kann.

Veränderung bedeutet nicht, darauf zu hoffen,
dass etwas anders wird.
Wir selbst müssen vielmehr dafür sorgen,
dass etwas geschieht.

Nun war natürlich schon den Shinobi bewusst, dass Menschen sich oft mit einer erstaunlichen Kraft gegen Veränderungen zur Wehr setzen. Ein Prinzip, das man sehr gut in der zentralen Idee des Kampfes wiederfinden kann. Geht es doch auch hier fast immer darum, dass für den Sieger wie auch für den Verlierer nachher etwas anders ist als zuvor.

Deshalb verteidigen wir uns gegen einen Angriff, und aus genau diesem Grund beginnt kein klar denkender Mensch eine Auseinandersetzung, wenn er nicht mit großer Sicherheit davon ausgehen kann, diese auch zu gewinnen.

Nun stellst du dir möglicherweise die Frage, wie es dann sein kann, dass im Laufe der Geschichte immer wieder eine kleine Gruppe von Menschen teilweise ganze Völker tyrannisieren konnte. Schließlich hätte selbst der mächtigste Diktator im Extremfall seiner eigenen bewaffneten Leibgarde kaum etwas entgegenzusetzen. Das Geheimnis liegt in der Fähigkeit solcher Herrscher, ihre Gegner so zu manipulieren, dass diese ihre eigene Kraft gegen sich selbst wenden. Ein Angriffsmuster, das erstaunlich einfach ist, wenn du einmal ein grundlegendes Prinzip verinnerlicht hast:

Es gibt nur zwei Gründe, aus denen heraus wir etwas verändern: der Wunsch nach Freude und das Vermeiden von Schmerz.

So möchten wir alle möglichst häufig dieses wunderbare Gefühl von Glück verspüren. Für viele von uns führt der schnellste Weg dorthin über den Reiz des Neuen. Die frisch renovierte Wohnung, das fabrikneue Auto, das aktuellste technische Gadget. Wenn es um Besitz geht, scheinen Menschen Veränderungen richtig zu lieben. Zumindest so lange, wie sie sich im Gegenzug von nichts trennen müssen, weshalb sich bei vielen auch die schon lange nicht mehr benutzten Gegenstände im Keller stapeln. Nun kann das Wissen um dieses Verhalten natürlich ganz gezielt ausgenutzt werden. Das geschieht zum Beispiel überall dort, wo jemand seine Mitmenschen bewusst in die Schuldenfalle treibt, indem er sie zu unnötigem, übermäßigem Konsum animiert. Wir können meist nicht widerstehen, wenn das Lockmittel nur überzeugend genug ist.

Der zweite und noch viel mächtigere Beweggrund ist jedoch unser Bestreben, wo immer möglich Schmerz zu vermeiden. Richtet sich eine Drohung gegen uns, so wird sie zu einer der stärksten Waffen, die einem Angreifer zur Verfügung stehen. Schließlich haben wahrscheinlich alle Wesen der Natur eine angeborene Angst vor Schmerzen. Dabei geht es gar nicht zwingend um ein körperliches Unwohlsein. Moderne Folter funktioniert psychisch. So genügt für viele Menschen schon die Androhung, ihnen etwas wegzunehmen, das ihnen wichtig ist oder Freude bereitet, damit sie tun, was der Angreifer möchte.

Auf dieser Erkenntnis beruht am Ende das gesamte Funktionieren unserer modernen Gesellschaft. Menschen befolgen Anweisungen oft nicht deshalb, weil sie von deren Richtigkeit überzeugt sind. Vielmehr gehorchen sie aus Angst vor jenen Konsequenzen, die ihnen angedroht werden, wenn sie den Gehorsam verweigern. So zahlen zum Beispiel wohl die wenigsten Bürger Steuern aus dem Gefühl heraus, damit die Rechnung für eine Leistung zu begleichen, die sie konsumiert haben. Vielmehr akzeptieren sie die Idee, einen großen Teil ihres Einkommens an das Finanzamt zu transferieren, weil dieses damit droht, ihnen andernfalls noch mehr wegzunehmen. Wie viele Einschränkungen nimmst du selbst zähneknirschend hin, einfach um Schlimmeres zu vermeiden?

Schon in früherer Zeit war es möglich, die Menschen in dieser Weise in die Enge zu treiben. So erzählt man sich, dass eines Tages ein Philosoph zu Buddha kam und ihn fragte: »Ohne Worte, ohne das Wortlose – kannst Du mir die Wahrheit sagen?«

Buddha sah ihn nur schweigend an.

Da verbeugte sich der Philosoph und bedankte sich mit den Worten: »Durch Dein liebendes Mitgefühl habe ich meine Illusionen durchschaut und den wahren Weg betreten.«

Nachdem der Philosoph gegangen war, fragte eine Weggefährtin Buddha, was dieser nun eigentlich erlangt habe. Buddha antwortete: »Ein gutes Pferd läuft schon beim bloßen Anblick der Peitsche.«

Genau wie dieses von Buddha erwähnte »gute Pferd« verhältst auch du dich oft. In vielen Fällen wartest du nämlich nicht, bis die Dinge tatsächlich eintreffen, sondern versuchst schon im Vorfeld, sie zu vermeiden. Ein Verhalten, das in vielen Situationen durchaus sinnvoll ist.

So tat auch ein Ninja grundsätzlich alles, um den Aktionen seiner Gegner zuvorzukommen und dadurch selbst keinen Schaden zu nehmen.

Von Kindesbeinen an war die Schulung dieser Denkweise ein wichtiger Teil der Ausbildung.

Richtig problematisch wird die Sache aber dort, wo das, was wir vermeiden möchten, allein in unserem Kopf ist. Ein Beispiel dafür wäre die Angst vor Enttäuschung.

Halte bitte einmal kurz inne und überlege dir, wie oft du etwas nur deshalb nicht gemacht hast, weil du dich davor gefürchtet hast, mit deinem Vorhaben zu scheitern. Das kann genauso ein kritischer Artikel sein, den du nie geschrieben hast aus Sorge, dass er nachher nicht gelesen oder gar falsch verstanden wird, oder eine Kundgebung, zu der du aus der Befürchtung heraus nicht gegangen bist, dort dann allein zu sein. Obwohl du darauf gebrannt hast, endlich etwas verändern zu können, war die Angst vor dem Schmerz am Ende so groß, dass dir sogar der Verzicht leichtgefallen ist.

Nun ist der Wunsch, Enttäuschungen zu vermeiden, mittlerweile derart fest in uns verankert, dass er oft unser Verhalten steuert. Wie anders wäre es nämlich sonst zu erklären, dass vielen Menschen die Idee, etwas nicht zu können, so richtig zu gefallen scheint? Sie würden ja gern, hören wir sie dann sagen, wenn sie denn nur könnten!

In Wirklichkeit weiß der Andere natürlich ganz genau, dass er eigentlich kann. Warum aber schwächt er sich auf diese Weise so vorsätzlich selbst?

Weil den betreffenden Menschen klar ist, dass die von ihnen

geplanten Veränderungen nicht nur auf Gegenliebe stoßen werden. Wir Menschen möchten nun einmal immer gemocht werden. Genau das wissen jene Menschen auszunutzen, die offen oder verborgen versuchen, über unsere Geschicke zu bestimmen.

Was aber können wir dagegen tun? Oft hilft es, wenn wir die Dinge aus einem anderen Blickwinkel betrachten. Der große Kampfkünstler Bruce Lee hat einmal gesagt: »Wenn du kritisiert wirst, dann musst du irgendetwas richtig machen. Man greift nur denjenigen an, der den Ball hat.« Eine Aussage, der ich gerne noch etwas hinzufügen möchte:

Jemand, der keine Gegner hat,
ist schlicht und einfach nicht erfolgreich.

Oder glaubst du wirklich, die Samurai hätten die Ninja aus ganzer Seele gehasst, wenn es sich bei diesen um eine kleine Truppe von Amateuren gehandelt hätte? Je besser du etwas beherrschst, umso größer wird die Gruppe der möglichen Angreifer. Eine Tatsache, die dich aber nicht schrecken sollte.

Spannenderweise wird diese Ansicht nämlich vor allem durch die Beobachtung genährt, dass Menschen, die ganz oben stehen, keinerlei Gegner mehr haben. Vielmehr scheint alles, was ein vermeintlich Mächtiger anordnet, von anderen umgehend und widerspruchslos umgesetzt zu werden. In Wirklichkeit trifft das aber gar nicht immer zu. Gerade die Rivalität zwischen Shinobi und Samurai beweist beispielsweise das genaue Gegenteil. Im Umkehrschluss können wir aus dieser Tatsache sogar Kraft ziehen. Ein Gegner begnügt sich in den wenigsten

Fällen damit, einen einzelnen Menschen zu attackieren. Dadurch bleiben wir aber auch mit unseren Anliegen nur selten auf uns gestellt. Wir müssen nur gewillt sein, diejenigen zu erkennen, die mit uns streiten und unsere Verbündeten sind.

Überlege dir bitte einmal, was jene Menschen, die im Wortsinn »das Sagen haben«, eigentlich auszeichnet. Ist es ihr Auftreten? Ihre Kleidung? Ihre Wortwahl? Einfach ihre Ausstrahlung? Bevor du zu einem Entschluss kommst, nimm dir etwas Zeit und beobachte in Ruhe all jene, zu denen du selbst aufschaust. Stelle dir dann eine Liste mit den Eigenschaften zusammen, die so jemand hat, und mache dir selbst diese zu eigen.

Denn Kraft ist durch das definiert,
was wir für möglich halten.

Warum sollten wir unsere Energie auf etwas verschwenden, von dessen Gelingen wir ohnehin nicht überzeugt sind?

Umgekehrt sind Menschen deshalb in Extremsituationen plötzlich in der Lage, über sich hinauszuwachsen und eine Stärke zu entwickeln, die sie selbst niemals in sich gesehen haben. Dieses Prinzip gilt für alles.

So wir glauben,
dass etwas funktionieren kann, handeln wir,
so wir Zweifel haben, schieben wir auf.

Dieser Umstand war den Samurai genauso bekannt wie den Ninja.

So heißt es schon im »Hagakure«, dass jemand, der ans Überleben denkt, um später einen Anschlag auf seine Feinde durchführen zu können, diesen niemals ausführen wird. Sobald nämlich die Zeit dafür reif wäre, würde ihm etwas anderes einfallen, das seinem Leben nützlich sein könnte.

Lass uns aber noch einmal zu dir zurückkommen. Hast du dir eigentlich jemals bewusst gemacht, was du selbst für möglich hältst? Kannst du dir beispielsweise vorstellen, dass ein einzelner Mensch die Geschicke der Menschheit lenken kann? Ich meine, gibt es Situationen, in der so viele auf die Befehle einer einzelnen Person hören, dass es den Lauf der Geschichte verändert?

Nun reicht eine kurze historische Recherche, um meine Frage mit einem eindeutigen Ja zu beantworten. Aber was ist eigentlich mit dir? Könntest auch du dieser eine Mensch sein, der die Dinge zum Guten wendet?

Du kannst es,
sobald du nur daran glaubst.

Nun überlegst du dir möglicherweise, warum du dann dieser Mensch noch nicht bist. Weil, das ist zumindest meine Erklärung, Energie immer einer Absicht folgt. Daher verrät auch die Frage, wie viel Kraft wir darauf aufwenden, die Dinge in eine bestimmte Richtung laufen zu lassen, immer unsere wahre Intention.

Hinzu kommt, dass wir bei der Definition unserer Ziele nicht einmal mit uns selbst immer ehrlich sind. Wenn wir behaupten, die Welt verändern zu wollen, während es unsere wahre Absicht ist, Enttäuschungen zu vermeiden, werden wir uns unbewusst dementsprechend verhalten. Am Ende werden wir aber nicht einmal dieses Ziel erreichen. Ganz im Gegenteil stellt sich fast immer ein Gefühl der Unzufriedenheit ein, wenn wir nichts anderes erreicht haben, als erfolgreich einer Enttäuschung aus dem Weg gegangen zu sein. Oder hast du schon einmal jemanden sagen hören, er sei sehr zufrieden mit sich, da er nicht einmal von sich enttäuscht sei?

Hierzu gesellt sich bei vielen Menschen die Angst vor Kritik. Tief in unserem Inneren sind wir so sehr darauf gepolt, ständig Zuwendung zu suchen, dass wir alles vermeiden, was uns das unangenehme Gefühl verleiht, ein anderer könne uns diese entziehen. Dazu müssen wir nicht einmal direkt kritisiert werden. Es reicht oft schon, wenn unser Gegenüber eine Idee nicht umgehend als die beste und genialste bezeichnet, sondern vielleicht sogar mit eigenen Vorschlägen kommt, wie man unseren Ansatz noch verbessern könnte. Mit Sicherheit kennst du diese sofort aufkeimende Ablehnung, jene innere Haltung, die überall dort entsteht, wo wir bereits in etwas viel investiert haben.

Wie aber kann es nun gelingen, auch in einer solchen Situation die Kritik von anderen als das zu verstehen und anzunehmen, was sie eigentlich ist: eine Anregung, wie man etwas noch besser machen kann?

Mal ganz abgesehen davon, dass du nicht alles umsetzen musst, was jemand anders dir vorschlägt, liegt der ablehnenden Reaktion oft ein Denkfehler zugrunde. Nehmen wir einmal an, jemand zeigt mir einen von ihm verfassten Text. Weise ich ihn nun darauf hin, dass man die Aussage durch Kürzung einzelner Sätze oder die Veränderung der Satzstellung noch verstärken könne, rufe ich im Verfasser große Enttäuschung hervor. Denn er wird mir innerlich vorwerfen, ich würde seine Arbeit kritisieren. Was der Autor aber übersieht, ist, dass ich ihm mit meiner Kritik ein viel größeres Kompliment mache, als würde ich den Text einfach ansehen, loben und wieder weglegen. Komme ich nämlich mit Verbesserungsvorschlägen, so muss ich mich zuvor wirklich mit dem Text auseinandergesetzt haben. Im Gegensatz zu ein, zwei kurzen Worten des oberflächlichen Lobes mache ich mir mit ehrlicher Kritik selbst Arbeit. Was aber könnte mehr zeigen, dass ich im Werk des Autors durchaus Potenzial sehe?

Stoßen meine Vorschläge umgekehrt auf Ablehnung, muss das nicht immer daran liegen, dass mein Gegenüber grundsätzlich nicht fähig ist, Kritik anzunehmen. Es kann durchaus auch etwas mit mir, mit meiner eigenen Person zu tun haben. Oft ist es uns nämlich so wichtig, Veränderungen anzustoßen, dass wir darüber vergessen, auf den richtigen Zeitpunkt zu achten. Du weißt aber umgekehrt mit Sicherheit von dir selbst, dass wir nicht immer bereit und in der Lage sind, Kritik anzunehmen.

So weiß ich von mir selbst, dass ich nach Abschluss eines anstrengenden Kapitels vor allem einmal das Gefühl bekommen möchte, dass ich es eine Zeitlang ruhen lassen kann. Nichts regt in einer solchen Situation mehr meinen Widerstand als die Idee, mich erneut an den Text setzen zu müssen.

In einer sehr ähnlichen Lage befand sich auch ein Ninja, der auf einem Einsatz war. Er musste aber selbst in der unbequemsten Position so lange ausharren, bis der richtige Augenblick gekommen war. Vielleicht hast du schon einmal das asiatische Sprichwort gehört:

Der zweitbeste Zeitpunkt
ist jetzt sofort.

Im Gegensatz zu den Schattenkämpfern ist vielen von uns diese Fähigkeit, unangenehme Dinge bewusst zu ertragen, abhandengekommen. Sind wir einer Gefahr ausgesetzt, so versuchen wir instinktiv, das Unbehagen, das uns diese Situation bereitet, so schnell wie möglich zu beenden. Wir tun alles, damit die Gefahr vorübergeht und wir uns auch selbst wieder entspannen können.

Nun mag diese Vorgehensweise zwar bequem sein, stellt aber deswegen nicht immer die beste Lösung dar. Wer nämlich überhastet auf eine Herausforderung reagiert, der läuft wie ein im Baum hängender Shinobi Gefahr, seine Stellung offenbaren zu müssen oder sich in noch größere Gefahr zu begeben. Ein Ninja musste stets in der Lage sein, selbst im Angesicht des Todes so lange stoisch auszuharren, bis die Gefahr an ihm vorbeigezogen war. So groß die Verlockung auch sein mag, ein Problem in dem Moment zu lösen, in dem es auftritt, kann es durchaus sinnvoll sein, den Widerstand zumindest für eine kurze Zeit aufzugeben. Schließlich ist auch die Aufmerksamkeit eines Angreifers am Anfang am höchsten und lässt dann immer mehr nach. Auch wenn es oft schwerfällt: Das Geheimnis der effektiven Gegenwehr liegt genau in der Fähigkeit, auf diesen Augenblick zu warten.

Das soll jetzt aber kein Vorwand dafür sein, gedanklich nicht im Augenblick zu leben. Selbst wenn wir nämlich im aktuellen Moment aus einer strategischen Überlegung heraus darauf verzichten, etwas zu unternehmen, was wir tun könnten, ist die Gegenwart doch immer der einzige Zeitpunkt, an dem wir tatsächlich über unsere Kraft verfügen. Wem nutzt schon etwas, das wir theoretisch irgendwann einmal tun könnten?

So heißt es, dass eines Tages ein junger Mönch zu einem Meister kam. Im Himalaya, so erzählte der junge Mann voller Begeisterung, habe er einen weisen Mann getroffen, der in die Zukunft sehen konnte. »Diese Kunst«, so sagte der Mönch, »lehrt er auch seine Schüler!«

Der Meister hörte ihm zu, nickte bedächtig und sagte: »Das kann jeder. Mein Weg ist viel schwieriger.«

»Wirklich?«, fragte der junge Mann erstaunt. »Welcher ist denn Euer Weg?«

Der Meister lächelte. »Ich lehre die Menschen, die Gegenwart zu sehen.«

Veränderung, so lehrt uns das geheime Wissen der Ninja, passiert immer im gegenwärtigen Augenblick. Sie wird möglich, sobald wir im Geist und im Herzen ganz eins werden mit unserer Fähigkeit, die Dinge zum Guten zu wenden.

Wie die Welt morgen sein wird,
darüber entscheidet allein,
was du heute für machbar hältst.

Denn selbst wenn dir andere Menschen manchmal mächtiger und stärker scheinen mögen, vergiss nicht: Sie können zwar den Hahn einsperren. Die Sonne aber geht trotzdem auf.

ÜBUNGEN

Was hältst du für unmöglich?

Kannst du dir vorstellen, zu den einflussreichsten Menschen der Welt zu zählen?

Falls nein, warum nicht?

Was ist der Unterschied zwischen Hoffen und Träumen?

Warum verlässt du dich auf morgen?

Was wird anders sein, nachdem du die Welt verändert hast?

Das Leise hat eine starke Stimme.

(aus Asien)

Epilog

Sei du selbst die Veränderung,
die du dir wünschst für diese Welt.

(Mahatma Ghandi)

Wir sind am Ziel, und ich lasse dich wieder allein weitergehen. Ich möchte dir Danke sagen für deine Zeit und für dein Vertrauen, und ich würde mich freuen, wenn dir unsere gemeinsame Reise genauso viel Freude gemacht hat wie mir.

Das geheime Wissen, mit dessen Hilfe die Ninja einst sich, ihre Familien, aber auch ihre Ideale verteidigt haben, liegt nun offen vor dir. Du hast gelernt, Tatsachen auch dort zu sehen, wo sie deinen Vorstellungen und Wünschen widersprechen und wo deine Gegner darauf hoffen, dass du dich selbst täuschst.

Vor dem Beurteilen einer Situation, so weißt du jetzt, solltest du immer so weit zurücktreten, dass du die Lage in ihrer Gesamtheit überblicken kannst. Nur so lässt du dich nicht von jenen nebensächlichen Details in die Irre führen, welche die Sache anders aussehen lassen, als sie tatsächlich ist. Verteidigst du auf Anweisung deiner Gegner nutzlose Dinge, so verschwendest du nicht nur Energie, sondern machst dich zusätzlich noch dadurch angreifbar, dass du deine Deckung aufgeben musst.

Wann immer du an der Idee verzweifelst, dass sich etwas nicht mehr zu ändern scheint, denke stets daran, dass sich die Natur und ihre Wesen in einem ständigen Wandel befinden. Nichts in diesem Universum bleibt für immer.

Fokussiere deine Kraft, indem du dir klare Ziele setzt, und erlaube deinen Gegnern nicht, deine Aufmerksamkeit von diesen wegzulenken, indem sie dich mit Nebensächlichkeiten beschäftigen.

Gib auch dort niemals auf, wo es schwierig wird, sondern gehe deinen Weg vielmehr so lange weiter, bis die Dinge wirklich nach deinen Vorstellungen sind. Belüge dich dabei aber niemals selbst, um dir Mühe zu sparen, sondern bedenke wie schon die Ninja, dass du aufgebrochen bist, damit etwas wirklich anders wird.

Ich hoffe, dass du jetzt mit anderen Augen auf dich selbst und auf die Dinge blickst, die rund um dich herum geschehen. Am Ende, so lehren uns die Shinobi, ist die Frage nicht, ob wir den Lauf der Dinge beeinflussen können, sondern allein, wie uns das gelingen kann. Der wahre Weg zur Veränderung liegt aber niemals im Kampf. Vielmehr müssen wir für uns selbst jene Stärke erlangen, die uns kräfteraubende Auseinandersetzungen wo immer möglich vermeiden lässt. Nur so können wir die eigene Kraft auf das fokussieren, was wirklich wichtig ist. Neben dem Bewusstsein für unsere Möglichkeiten und Stärken gehört dazu die Einsicht, dass wir am Ende nichts anderes verändern können als unser Denken, unser Handeln und damit unser Sein. Doch gerade mit unseren Gedanken erschaffen und verändern wir unsere Welt.

Herzlich,
Dein
Bernhard Moestl
Delhi, Indien, im November 2022

Wem ich Danke sagen möchte

Wenn ich heute auch in schwierigen Situationen nicht den Glauben daran verliere, dass jeder von uns den Lauf der Welt verändern kann, dann steht hinter dieser Einsicht die wunderbare Unterstützung einer Vielzahl von Menschen. Da der Platz dieser Danksagung nicht reichen würde, um alle zu erwähnen, die mich teils seit vielen Jahren auf meinem persönlichen Weg begleiten, möchte ich stellvertretend für alle jene hervorheben, die den größten Einfluss auf meine persönliche Entwicklung oder die dieses Buches hatten.

Zuallererst möchte ich mich in Liebe und Respekt bei Marianne Mohatschek bedanken, die fast 25 Jahre lang ihr Wissen, ihre Weisheit und ihre Freundschaft mit mir geteilt hat. Wo immer du jetzt sein magst, wir sehen uns wieder, wenn ich dort selbst ankommen werde.

Das zweite Dankeschön gehört meiner Partnerin Irene Nemeth, die meine Liebe zu Asien und zum Reisen ebenso teilt wie meinen Drang, die Welt zu einem anderen, besseren Ort zu machen. Lass uns niemals aufhören, auch dort weiterzugehen, wo es unmöglich erscheint.

Ein drittes Danke geht an meine Lektorin Caroline Draeger, die mehr zu meinen Büchern beigetragen hat, als ihr vielleicht bewusst ist. Es ist richtig fein, mit dir zu arbeiten.

Bleibt mir noch, mich bei all jenen zu bedanken, die den Rebellen, der ich immer schon war, nicht nur ausgehalten, sondern unterstützt haben. An erster Stelle wäre da meine Großmutter Erika Möstl, die da war, wo immer ich sie gebraucht habe; mein Großvater Norbert Möstl, der mich in vielen Diskussionen zum Denken angeregt hat; Meister Shi De Cheng, ehrwürdiger Mönch der 31. Generation von Shaolin, durch den ich verstanden habe, warum man nur kampflos siegen kann; Heidi Mischinger, die mich gelehrt hat, mich niemals zu fürchten; Alexander Kriegelstein, der mich hinaus in die Welt geschickt hat; der Verleger Hans-Peter Übleis, ohne den es keines meiner Bücher gäbe; meine wunderbaren Freunde in Rumänien Dagmar Cloos, Monica Mateiciuc, Matthias Roos und Gabriel Stan, die mich in vielen Gesprächen zum Schreiben dieses Buches motiviert haben; meine Deutschlehrerin Elfriede Hösch, deren Unterricht ich als Kind als Qual und als Erwachsener als Geschenk empfunden habe; die Kollegen von Verlag und Buchhandel, die meinen Büchern erst zum Erfolg verholfen haben, und natürlich du, liebe Leserin und lieber Leser, die ihr mich immer wieder aufs Neue motiviert, mit einem Buch zu beginnen. Schön, dass es euch gibt.

Bernhard Moestl

VOM GLÜCK, DU SELBST ZU SEIN

7 Wege zum wahren Ich

Wie ich zu mir selbst finde –
und zu meinem persönlichen Glück

Du bist in einer Lebensphase, in der du dir fremd geworden bist? Du bist mit dir unzufrieden und möchtest gerne herausfinden, was dein wahres Ich ist?

Bestsellerautor und Coach Bernhard Moestl zeigt Wege auf zu dem Menschen, der tief in uns steckt. Verpackt in einfach zugängliche Geschichten, nimmt er uns mit auf eine Entdeckungsreise, die inspiriert ist durch die unbeschwerte Lebenshaltung wandernder buddhistischer Mönche.

Bernhard Moestls profunde Kenntnis asiatischer Lebensweisheit befähigt ihn, uns das Herz zu öffnen und uns Mut zu machen, damit wir uns auf einen ureigenen Streifzug begeben zum wahren Ich.

Bernhard Moestl

DER TRAUM VOM UNANGEPASSTEN LEBEN

24 Wege, deiner Sehnsucht zu folgen

Mit leichtem Gepäck durchs Leben

Tief in unserem Herzen träumen wir von einem anderen, einem unangepassten Leben. Wir wollen die Welt in all ihren Facetten erleben, uns aus alten Mustern lösen. Diesen Traum können wir leben. Wie aber bringt man den Mut zum Aufbruch auf, wie befreien wir uns aus unserem Umfeld – und wie definieren wir unsere Ziele? Bestsellerautor Bernhard Moestl ist ein erfahrener Reisender, der China, Indien und Südostasien kennt wie seine Westentasche. Verpackt in einfach zugängliche Geschichten und Anekdoten zeigt er in dieser liebevoll illustrierten Lektüre 24 Wege auf, wie wir mithilfe asiatischer Lebensphilosophie ans Sehnsuchts-Ziel unserer Träume kommen.